W0390054

COLLECTION
FOLIO/ESSAIS

Jorge Luis Borges
et Alicia Jurado

Qu'est-ce que le bouddhisme ?

Traduit de l'espagnol
par Françoise Marie Rosset

Gallimard

Dans la même collection

CONFÉRENCES, *n° 2.*
ENQUÊTES suivi d'ENTRETIENS AVEC GEORGES CHARBONNIER, *n° 198.*

Titre original :

QUÉ ES EL BUDISMO ?

© Columba S.A.C.E.I.I.F.A. Buenos Aires, 1976.
© Éditions Gallimard, 1979, pour la traduction française.

Né à Buenos Aires en 1899, Jorge Luis Borges est mort à Genève le 14 juin 1986. Conteur, poète, essayiste, il est reconnu comme l'un des maîtres du XXe siècle. *Fictions*, *L'Aleph*, *Discussion*, *L'Auteur et autres textes*, ainsi que son œuvre poétique (*L'Or des tigres*, *La Rose profonde*, etc.) s'inscrivent déjà comme des classiques dans la littérature contemporaine.

NOTE PRÉLIMINAIRE

Jorge Luis Borges, avec sa bienveillance habituelle, a insisté pour que mon nom figure auprès du sien, mais l'honnêteté m'oblige à préciser pour le lecteur la part de chacun de nous deux dans cet ouvrage. A Borges revient le plan général de l'œuvre, laquelle repose en grande partie sur les notes qu'il avait utilisées pour les conférences qu'il fit sur le bouddhisme au Collège Libre d'Etudes supérieures; cette façon de traiter un sujet qui lui est si personnelle, et le style inimitable dans lequel le texte est rédigé. J'ai eu, pour ma part, à assumer la tâche de rechercher et de sélectionner le matériau parmi les études les plus récentes, de fournir certaines précisions et de suggérer quelques rectifications de détail; et, bien entendu, de lire pour Borges, d'écrire et de mettre au point le manuscrit destiné à l'imprimeur.

Alicia Jurado

I

Le Bouddha légendaire

Paul Deussen fait remarquer que la légende du Bouddha témoigne non pas de ce qu'a été le Bouddha, mais de l'idée qu'il est arrivé très rapidement à donner de lui ; d'autres investigateurs ajoutent que c'est dans la légende, dans le mythe, que l'essence du bouddhisme a trouvé son expression la plus profonde. La légende nous révèle ce que crurent d'innombrables générations d'hommes pieux et c'est elle qui persiste dans l'esprit d'une grande partie de l'humanité.

Sa biographie commence au ciel. Le Bodhisattva (qui deviendra le Bouddha, nom qui signifie l'« Eveillé ») a fini grâce aux mérites accumulés au cours d'un nombre infini d'incarnations antérieures, par naître dans le quatrième ciel des dieux. Du haut de son ciel il regarde la terre et détermine le siècle, le continent, le royaume et la caste où il renaîtra pour être le Bouddha et sauver les hommes. Il choisit sa mère, la reine Maya (ce nom signifie la force magique qui crée l'illusoire univers), femme de Suddhodana, qui est roi dans la ville de Kapilavastu, au sud du Népal. Maya rêve que dans son flanc entre un éléphant à six défenses, le corps couleur de neige et la tête couleur de rubis. A son réveil, la reine n'éprouve aucune douleur, pas la moindre lourdeur, mais se sent au contraire à son aise et toute légère. Les dieux élèvent un palais dans son corps; dans cet enclos le Bodhisattva attend son heure en priant. Dans le deuxième mois du printemps la reine traverse un jardin; un arbre dont les feuilles resplendissent comme le plumage du paon lui tend une branche; la reine l'accepte avec simplicité; le Bodhisattva se lève alors et naît de son flanc droit sans la déchirer. Le nouveau-né fait sept pas, regarde à droite et à gauche, derrière lui et devant lui; il constate qu'il n'y a dans l'univers personne de semblable à lui et il le proclame d'une voix de stentor : *Je suis le premier et le meilleur; c'est là ma dernière naissance; je viens mettre un terme à la souffrance, à la maladie et à la mort.* Deux nuages versent de l'eau froide et de l'eau chaude pour le bain de la mère et de son fils; les aveugles voient, les sourds entendent, les paralytiques marchent, les instruments de musique jouent tout seuls; les dieux du quatrième ciel se réjouissent, chantent et dansent; les réprouvés, dans l'enfer, oublient leurs peines. A cet instant même viennent au monde sa future femme,

Yasodhara, son écuyer, son cheval, son éléphant et l'arbre à l'ombre duquel il parviendra à la libération. L'enfant reçoit le nom de Siddharta; il est aussi connu sous celui de Gautama, qui fut adopté par sa famille, les Sakyas.

La mère meurt sept jours après la naissance du Bodhisattva et elle monte au ciel des trente-trois Devas. Un visionnaire, Asita, entend la jubilation de ces divinités, descend de la montagne, prend l'enfant dans ses bras et dit : *Il est l'incomparable.* Il constate la présence sur lui des signes de l'élu : une sorte de haute couronne de chair au sommet de son crâne, des cils de bœuf, quarante dents très serrées et blanches, une mâchoire de lion, et sa hauteur est égale à la largeur de ses bras ouverts, son teint est doré, des membranes relient ses doigts et une centaine de figures apparaissent sur la plante de ses pieds, parmi lesquelles le tigre, l'éléphant, la fleur de lotus, le mont pyramidal Meru, la roue et la croix gammée. Puis Asita pleure, parce qu'il se sait trop vieux pour pouvoir être instruit de la doctrine que le Bouddha prêchera par la suite.

Les interprètes du rêve de Maya ont prédit que son fils serait maître du monde (un grand roi) ou rédempteur du monde. Son père s'en tient à la première annonce; il fait construire trois palais pour Siddharta, d'où il bannit tout ce qui pourrait lui révéler la précarité, la souffrance ou la mort. Le prince se marie à dix-neuf ans; auparavant il doit sortir vainqueur de divers concours comportant la calligraphie, la botanique, la grammaire, la lutte, la course à pied, le saut et la natation. Il doit aussi triompher dans une épreuve de tir à l'arc; la flèche tirée par Siddharta tombe plus loin qu'aucune autre et, là où elle tombe, jaillit une source [1]. Ces lauriers sont des symboles de sa victoire future sur le Diable.

Dix années d'un bonheur illusoire s'écoulent pour le prince, consacrées aux plaisirs des sens dans son palais dont le harem renferme quatre-vingt-quatre mille femmes, mais Siddharta sort un matin dans son char et voit avec stupeur un homme bossu « dont les cheveux ne sont pas comme ceux des autres, dont le corps n'est pas comme celui des autres », qui s'appuie sur un bâton pour marcher, tout tremblant. Il demande qui est cet homme : l'écuyer lui explique que c'est un vieillard et que tous les hommes sur la terre deviennent un jour comme lui. Au cours d'une autre sortie, il voit un homme que la lèpre dévore; l'écuyer explique que c'est un malade et que personne n'est à l'abri de cette vicissitude. Au cours d'une troisième sortie il voit un homme qu'on transporte dans un cercueil; cet homme immobile est un mort, lui explique-t-on, et mourir est la loi

1. La recherche de cette source est l'un des principaux thèmes du *Kim* de Kipling. (*N.d.A.*)

de tout ce qui naît. A sa dernière sortie, il voit un moine d'un ordre mendiant que ne préoccupe ni la mort ni la vie (dans les dernières versions de la légende ces quatre figures sont des fantômes ou des anges). La paix illumine son visage : Siddharta a trouvé la voie du salut.

La nuit où il prend la décision de renoncer au monde, on lui annonce que sa femme est accouchée d'un fils. Il rentre au palais; à minuit il se réveille, parcourt le harem et voit les femmes endormies. L'une a un filet de salive qui lui coule de la bouche; l'autre, les cheveux épars et en désordre, semble avoir été piétinée par des éléphants; l'autre encore parle en rêve; l'autre exhibe un corps couvert d'ulcères; toutes semblent mortes. Siddharta dit : « Les femmes sont ainsi, impures et monstrueuses dans le monde des mortels; mais l'homme, trompé par leurs atours, les trouve désirables. » Il entre dans la chambre de Yasodhara; il la voit endormie, la main posée sur la tête de leur fils. Il se dit : « Si je déplace cette main, ma femme se réveillera; quand je serai devenu le Bouddha je reviendrai et, alors, je pourrai toucher mon fils. »

Il sort du palais et s'enfuit en direction de l'orient. Les sabots de son cheval volent au-dessus du sol, les portes de la ville s'ouvrent d'elles-mêmes. Après avoir traversé une rivière, il renvoie le serviteur qui l'a accompagné, lui remet son cheval et ses vêtements, et il se coupe les cheveux avec son épée. Il les jette en l'air et les dieux les recueillent comme des reliques. Un ange qui a pris la forme d'un ascète lui remet les trois pièces du vêtement jaune, la ceinture, le couteau, la sébile pour les aumônes, l'aiguille, et le tamis pour filtrer l'eau. Le cheval rentre au palais et meurt de chagrin.

Siddharta passe sept jours dans la solitude. Il cherche ensuite les ascètes qui habitent dans la forêt; les uns sont vêtus d'herbes, les autres de feuillages. Tous se nourrissent de fruits; les uns mangent une fois par jour, d'autres tous les deux jours, d'autres encore tous les trois jours. Ils rendent un culte à l'eau, au feu, au soleil ou à la lune. Il y en a qui se tiennent sur un seul pied ou qui dorment sur un lit d'épines. Ces hommes lui parlent de deux maîtres qui vivent dans le Nord; les raisonnements de ces maîtres ne le satisfont pas.

Siddharta gagne les montagnes, où il passe six années pénibles, dans la mortification et le jeûne. Il reste sans bouger quand tombent sur lui la pluie ou les rayons du soleil; les dieux croient qu'il est mort. Il comprend enfin que les exercices de mortification sont inutiles; il se lève, se baigne dans les eaux de la rivière et mange un peu de riz. Son corps recouvre aussitôt son ancienne vigueur, les signes qu'Asita avait reconnus et l'auréole qui avait disparu. Des oiseaux volent au-dessus de sa tête pour l'honorer, le Bodhisattva s'assied à l'ombre de l'Arbre de la Connaissance et se met à méditer. Il décide de ne pas se lever avant d'être parvenu à l'illumination.

Mara, dieu de l'amour, du péché et de la mort, attaque alors Siddharta. Ce duel ou combat magique dure une partie de la nuit. Mara, avant de combattre, rêve qu'il est vaincu, voit sa couronne perdue, les fleurs fanées et les étangs asséchés dans son palais, les cordes de ses instruments de musique cassées, sa tête couverte de poussière. Il rêve qu'il ne peut, au cours du combat, tirer son épée; il rassemble, pourtant, une nombreuse armée de démons, de tigres, de lions, de panthères, de géants et de serpents — certains étaient grands comme des palmiers et d'autres petits comme des enfants —, il chevauche un éléphant de cent cinquante milles de hauteur et il revêt un corps à cinq cents têtes, cinq cents langues de feu et mille bras dont chacun brandit une arme différente. Les troupes de Mara lancent des montagnes de feu sur Siddharta; celles-ci, par l'effet de son amour, se transforment en palais fleuris. Les projectiles forment un haut baldaquin au-dessus de sa tête. Mara, vaincu, ordonne à ses filles de séduire son adversaire; celles-ci l'entourent et lui disent qu'elles sont faites pour l'amour et pour la danse, mais Siddharta leur rappelle qu'elles ne sont qu'illusion et inconsistance. Le doigt pointé vers elles, il les transforme en vieilles décrépites. Pleine de confusion, l'armée de Mara se disloque.

Seul et immobile sous son arbre, Siddharta contemple ses multiples incarnations antérieures et celles de toutes les créatures; il embrasse d'un seul regard les innombrables mondes de l'univers; puis l'enchaînement de toutes les causes et de tous les effets. Il a l'intuition, à l'aube, des quatre vérités sacrées. Il n'est plus désormais le prince Siddharta, il est devenu le Bouddha. Les hiérarchies des dieux et des Bouddhas futurs l'adorent, mais lui s'écrie :

> « J'ai parcouru le cercle de beaucoup d'incarnations à la recherche de l'architecte. Il est dur de naître tant de fois. Architecte, je t'ai enfin rencontré. Tu ne reconstruiras plus jamais la maison. »

Ainsi s'achève (dit Karl Friedriech Köppen) la plus ancienne version de la légende, l'évangile du Népal et du Tibet.

Le Bouddha reste encore sept jours sous l'arbre sacré; les dieux le nourrissent, l'habillent, brûlent de l'encens, lui lancent des fleurs et l'adorent. Il pleut et un roi des serpents, un naja s'enroule sept fois autour du corps du Bouddha formant sur lui un toit de ses sept têtes. Quand le ciel s'éclaircit, le naja se transforme en un jeune brahmane qui se prosterne et dit : « Je n'ai pas voulu t'effrayer; mon but était de te protéger de l'eau et du froid. » Au terme d'une brève conversation, le naja se convertit au bouddhisme. Son exemple est suivi par un dieu, qui entre dans cet ordre en tant qu'adepte laïc. Les quatre rois de l'espace offrent au Bouddha quatre sébiles en pierre; ce dernier, pour n'offenser personne, les rassemble en une seule qui pendant quarante ans lui servira à recevoir les aumônes. Brahmā descend du ciel avec une grande suite et presse le Bouddha de commencer la prédication qui sauvera les hommes. Le Bouddha accède à sa demande; le génie de la terre fait part de cette décision aux génies de l'air qui à leur tour transmettent la bonne nouvelle aux divinités de tous les cieux.

Le Bouddha se met en route pour Bénarès. Il entre par la porte occidentale de la ville, mendie et se dirige vers le Parc des Gazelles. Il cherche cinq moines qui avaient été ses compagnons et qui s'étaient séparés de lui quand il avait renoncé aux rigueurs de l'ascétisme; il fait alors tourner pour eux la Roue de la Loi : il leur montre la Voie Moyenne, qui est à mi-chemin entre la vie des sens et la vie austère, et il leur apprend la suppression de la souffrance par la suppression du désir. Les moines se convertissent. Ce jour-là, dit un des livres sacrés, il y eut six saints sur la terre. Ainsi sont fondés les trois éléments sacrés : le Bouddha, sa doctrine et son ordre.

Un jour, le Bouddha arrive au bord du Gange et se voit obligé de le franchir en volant dans les airs parce qu'il n'a pas les pièces d'argent qu'exige le passeur; un autre jour, il convertit un naja, après un dialogue au cours duquel tous deux crachent de la fumée et du feu. Finalement, le Bouddha emprisonne le naja dans sa sébile.

Rappelé par son père, le Bouddha retourne à Kapilavastu accompagné de vingt mille disciples. Et là, il convertit, entre autres, son fils Rahula et son cousin Ananda. Des pêcheurs lui apportent un énorme poisson qui a cent têtes différentes : d'âne, de chien, de cheval, de singe... Le Bouddha explique que dans une incarnation antérieure le poisson avait été un moine qui se moquait de la sottise de ses frères en les appelant *tête de singe* ou *tête d'âne*.

Devadatta, cousin et disciple du Bouddha, essaie de faire une réforme de l'ordre : il propose que les moines soient vêtus de haillons, dorment à la belle étoile, s'abstiennent de manger du poisson, n'entrent pas dans les villages et ne se laissent jamais inviter. Désireux de prendre la place du Bouddha, il suggère au prince de Magadha de le faire assassiner. Seize archers soudoyés se postent sur le chemin pour le tuer. Quand le Bouddha paraît, sa vertu et sa puissance en imposent aux assassins qui renoncent à leur entreprise. Devadatta, alors, lâche contre lui un éléphant sauvage; l'animal arrête sa course et tombe à genoux, subjugué par l'amour. D'autres versions multiplient le nombre des éléphants, qui, en plus, sont ivres; cinq lions rugissants sortent des cinq doigts du Bouddha, et les éléphants, effrayés et repentants, fondent en larmes. La terre, enfin, engloutit Devadatta, qui disparaît dans un des enfers, où on lui impose un corps de flammes de mille six cents lieues de long. Le Bouddha explique que cette inimitié date de loin. Il y a des siècles, une énorme tortue avait sauvé la vie et les marchandises d'un commerçant appelé Ingrat, qui avait fait naufrage; Ingrat avait profité du sommeil de sa bienfaitrice pour manger cette dernière et le Bouddha conclut son récit par ces mots : « Celui qui fut le commerçant est aujourd'hui Devadatta et moi j'ai été cette tortue. »

Dans la ville de Vasali, il accepte l'invitation de la célèbre courtisane Ambapali, qui ensuite fait don de son parc à l'ordre. Rappelons que Jésus, dans la maison du pharisien, ne dédaigne pas non plus le parfum qu'une pécheresse lui offre (Luc, VII, 36-50).

Des années plus tard, Mara va trouver de nouveau le Bouddha et lui conseille d'abandonner cette vie, maintenant que l'ordre est fondé et que celui-ci compte un nombre suffisant de moines. Le Bouddha lui répond qu'il a décidé de mourir dans trois mois. En entendant ces paroles, la terre tremble, le soleil s'obscurcit, des orages se déchaînent et toutes les créatures sont dans l'effroi. La légende explique que le

Bouddha aurait pu vivre des milliers de siècles et que sa mort fut volontaire. Peu après, le Bouddha monte au Ciel d'Indra et il recommande à ce dernier la conservation de sa Loi; puis il descend au Palais des Serpents, qui eux aussi promettent de la garder. Les divinités, les serpents, les démons, les génies de la terre et des étoiles, les génies des arbres et des bois demandent au Bouddha de retarder sa mort, mais celui-ci déclare que la précarité est la loi de tous les êtres et qu'elle est aussi la sienne. Kunda, le fils d'un forgeron, lui offre à Kusinara un morceau de viande de porc salée ou, selon certains, des truffes; cette nourriture aggrave le malaise que le Bouddha ressentait déjà et dont il surmontait les manifestations pour ne pas entrer dans le *nirvana* sans avoir pris congé de ses moines. Il se baigne, il boit de l'eau et s'étend sous des arbres pour mourir. Les arbres brusquement fleurissent; peut-être savent-ils que ce vieil homme si malade est le Bouddha. Ce dernier, à l'heure de sa mort, prophétise de futurs schismes et de futures discordes, il recommande l'observance de la loi et décide de ses rites funéraires. Il meurt couché sur le flanc droit, la tête au nord, le visage tourné vers le couchant. Il entre en extase et meurt en extase. Il meurt parmi ses disciples, comme Socrate. Il meurt au crépuscule, à cette heure où mourir semble facile.

Aux portes de la ville, on brûle son cadavre et

on célèbre des rites solennels, comme s'il s'agissait d'un grand roi, du roi que Siddharta ne voulut pas être. Avant de le livrer aux flammes, on l'honore par des danses, des chants funèbres et des jeux qui durent six jours. Le septième jour, on place le cadavre sur un bûcher; quatre, huit et seize personnes essayent en vain d'y mettre le feu; finalement une flamme sort du cœur du Bouddha et consume le corps. Une urne reçoit les os calcinés sur lesquels on verse du miel afin qu'aucune parcelle ne se perde. L'ensemble est divisé en trois parts : une pour les dieux, qui la gardent en de célestes tombeaux; une autre pour les najas qui la gardent en des tombeaux souterrains; la troisième pour huit rois qui élèveront sur la terre huit monuments auxquels accourront des générations de pèlerins.

Telle est, à grands traits, la vie légendaire du Bouddha. Avant de la juger, il convient de rappeler certaines choses.

Paul Deussen, en 1887, imagina par un jeu de l'esprit que les hypothétiques habitants de la planète Mars avaient envoyé sur la terre une fusée contenant l'histoire et l'exposition de leur philosophie, et il se demanda quel intérêt susciteraient ces doctrines si différentes à coup sûr des nôtres. Il reconnut alors que la philosophie de l'Hindoustan, révélée aux XVIIIe et XIXe siècles, était pour nous aussi étrange et aussi précieuse que celle qui serait venue d'une autre planète. Tout y est, effectivement, différent, jusqu'à la connotation des mots. Quand nous lisons que le Bouddha entra dans le côté de sa mère sous la forme d'un jeune éléphant blanc à six défenses, nous avons l'impression qu'il s'agit là d'une monstruosité. Le six, pourtant, est un nombre habituel pour les Hindous, qui adorent six divinités appelées les six portes de Brahmā et qui ont divisé l'espace en six directions : nord, sud, est, ouest, haut et bas. La sculpture et la peinture hindoues ont d'ailleurs répandu de multiples images illustrant la doctrine panthéiste qui identifie Dieu à toutes les créatures. Quant à l'éléphant, animal domestique, c'est le symbole de la mansuétude.

Pour ce résumé de la légende du Bouddha, deux textes ont été consultés. Le premier est le Lalitavistara, nom que Winternitz traduit ainsi : *Minutieuse narration du jeu (d'un Bouddha)*. Dans l'étude que nous ferons de l'école du Grand Véhicule, nous trouverons la justification de ces mots. Le Lalitavistara a été rédigé aux premiers siècles de notre ère. Le second texte est le Bouddhacarita, poème épique attribué à Asvaghosha qui vécut au premier siècle de l'ère chrétienne. Une biographie tibétaine du poète affirme que celui-ci parcourait les marchés accompagné de chanteurs et de chanteuses, prêchant la foi du Bouddha au son de chansons mélancoliques dont les paroles et la musique étaient de sa composition. Le poème fut écrit en sanscrit et traduit en chinois et en tibétain. Une version anglaise paraît en 1894.

II

Le Bouddha historique

Dans le cas du Bouddha, comme dans celui d'autres fondateurs de religions, la principale difficulté à laquelle l'investigateur se trouve confronté réside dans le fait qu'il n'y a pas deux témoignages mais un seul : celui de la légende. Les faits historiques sont cachés dans la légende, laquelle n'est pas une invention arbitraire mais une déformation ou une amplification de la réalité. On sait que les littérateurs hindous se complaisent aux hyperboles et aux somptuosités, ne s'intéressant guère aux détails circonstantiels ; si quelques-uns de ces derniers apparaissent dans la légende, nous pouvons estimer qu'ils sont véridiques. Dans le chapitre précédent, nous avons vu que Siddharta avait vingt-neuf ans quand il quitta son palais ; ce chiffre doit être exact, car il semble dépourvu de tout sens symbolique. On nous dit qu'il fut le disciple de plusieurs maîtres ; cela aussi est vraisemblable, car il eût été plus impressionnant de dire qu'il avait tout tiré de lui-même et que personne ne lui avait rien appris. Il convient d'appliquer le même raisonnement à la cause immédiate de sa maladie et de sa mort : aucun évangéliste n'aurait inventé la viande salée ou les truffes qui hâtèrent la fin du célèbre ascète.

Siddharta, avant d'être un ascète, fut un prince; il était à peu près certain que ceux qui allaient transmettre son histoire exagéreraient la splendeur dans laquelle il avait vécu à ses débuts, pour amplifier le contraste entre les deux étapes de sa vie. En Suddhodana, Oldenberg voit un grand et riche propriétaire foncier dont la richesse provenait de la culture du riz et non un monarque. Le fait qu'on ait traduit son nom par Riz Pur ou Possesseur d'un Aliment Pur semble justifier cette hypothèse.

La légende retrace toute la vie du Bouddha, mais elle est plus abondante dans la période qui précède la proclamation de sa loi. L'itinéraire de ses voyages doit être authentique étant donné sa topographie précise. Nous disposons donc de la chronique minutieuse de quarante-cinq années de magistère, et il nous suffit d'en extraire quelques miracles.

Peut-être n'est-il pas inutile de faire remarquer que le VIe siècle avant J.-C., qui vit l'éclosion du bouddhisme, fut un siècle de philosophes : Confucius, Lao Tseu, Pythagore et Héraclite furent les contemporains du Bouddha.

Pour un Occidental, la comparaison entre l'histoire ou légende du Bouddha et l'histoire ou légende de Jésus est sans doute inévitable. Cette dernière abonde en traits pathétiques inoubliables et en circonstances d'un dramatisme inégalable; comparée avec celle d'un dieu qui condescend à prendre la forme d'un homme et qui meurt crucifié entre deux larrons, l'autre histoire, celle du prince qui abandonne son palais pour mener une vie d'anachorète est nettement plus pauvre. Réfléchissons cependant au fait que la négation de la personnalité est l'un des dogmes essentiels du bouddhisme; avoir inventé une personnalité très attrayante, du point de vue humain, eût ôté de la force aux intentions fondamentales de la doctrine. Jésus réconforte ses disciples en leur disant que si deux d'entre eux se réunissent en son nom, Il sera là avec eux; le Bouddha, en des circonstances analogues, dit à ses disciples qu'il leur laisse sa doctrine. Edward Conze a très justement remarqué que l'existence de Gautama en tant qu'individu est de peu d'importance pour la foi bouddhiste. Il ajoute, dans l'esprit du Grand Véhicule, que le Bouddha est une sorte d'archétype qui se manifeste dans le monde à diverses époques et sous diverses individualités, dont les idiosyncrasies n'ont pas grande importance. La passion du Christ s'est produite une fois et c'est le centre de l'histoire de l'humanité; la naissance et l'enseignement du Bouddha se répètent de façon cyclique à chaque période historique et Gautama est le maillon d'une chaîne sans fin qui se déroule dans le passé et dans l'avenir.

La vie fastueuse et l'importante polygamie du Bouddha légendaire peuvent choquer certains préjugés occidentaux; il convient de rappeler que cela correspond à la conception hindoue selon laquelle le renoncement est le couronnement de la vie et non pas son début. Aujourd'hui encore, en Inde, il n'est pas rare que des hommes, au seuil de la vieillesse, abandonnent leur famille et leur fortune et partent sur les routes mener la vie errante de l'ascète.

Edward Conze écrit : « ... pour l'historien chrétien ou agnostique, seul est réel le Bouddha humain, et le Bouddha spirituel ou magique n'est que fiction. Tout autre est le point de vue du croyant. L'essence du Bouddha et son corps glorieux se détachent au premier plan, tandis que son corps humain et son existence historique ne sont que de simples haillons qui recouvrent cette gloire spirituelle. »

Les difficultés qui se présentent à l'historien occidental du bouddhisme sont un cas particulier d'un problème plus vaste. Comme Schopenhauer, les Hindous dédaignent l'histoire; le sens de la chronologie leur échappe. Alberuni, écrivain arabe des débuts du XIe siècle, qui passa treize années aux Indes, écrit : « Peu importe aux Hindous l'ordre des faits historiques ou la succession des rois. Si on les questionne, ils inventent n'importe quelle réponse. » Oldenberg, qui cherche à réfuter ce jugement sur eux, évoque une histoire ou chronique intitulée *La rivière des monarques,* dans laquelle un rajah règne pendant trois cents ans et un autre sept cents ans après le règne de son fils. Deussen, par contre, fait observer que « les historiens ordinaires (qui font grief à un Platon de n'avoir pas été un Démosthène) devraient essayer de comprendre que les Hindous sont à une hauteur intellectuelle qui ne leur permet pas de se complaire, comme les Egyptiens, à dresser des listes de rois ou, pour employer le langage de Platon, à énumérer des ombres ». La vérité, pour scandaleuse qu'elle soit, est que les Hindous attachent plus d'importance aux idées qu'aux dates ou qu'aux noms propres. On a, avec vraisemblance, émis l'hypothèse que l'indication de Kapilavastu (demeure de Kapila) comme ville natale de Gautama peut être une façon symbolique de suggérer la grande influence de Kapila, fondateur de l'école Sankhya, sur le bouddhisme.

Pour l'Hindou qui étudie la philosophie, les différentes doctrines sont idéalement contemporaines. La plus ou moins précise chronologie des systèmes philosophiques de l'Inde a été établie par des Européens : par Max Müller, par Garbe, par Deussen.

III

Les antécédents du bouddhisme

LE SANKHYAM

Nous avons dit que la tradition avait choisi la ville de Kapilavastu comme lieu de naissance du Bouddha, parce que dans sa doctrine on trouve des échos de celle qu'enseigna Kapila, le fondateur du Sankhyam; il est plus vraisemblable de penser que ces échos, qui paraissent indiscutables, sont dus à ce que le Bouddha naquit dans la patrie de Kapila, où le Sankhyam et sa terminologie étaient répandus. A l'époque où se développa le bouddhisme, la ville était un lieu de pèlerinage. Le moine chinois Hsuang Tsang visita ses ruines au début du VIIe siècle et, à son retour, il introduisit dans le Céleste Empire l'idéalisme qui est négation de la réalité du monde extérieur.

Sankhyam veut dire, en sanscrit, énumération. Garbe a dit que les brahmanes appelèrent le système de Kapila « philosophie de l'énumération » voulant tourner en dérision la multiplicité de ses divisions et subdivisions, et ce surnom lui resta.

Le Sankhyam est dualiste. De toute éternité existe une matière complexe — *Prakriti* — et un nombre infini de *Purushas* ou âmes individuelles et immatérielles. La Prakriti comporte trois facteurs, les *gunas :* le premier, *sattva,* correspond à ce qui est léger et lumineux dans les objets, au bien-être et au bonheur des sujets ; le second, *rajas,* correspond à ce qui est fort et actif dans les objets, à la passion et à l'agressivité chez les sujets ; le troisième, *tamas,* correspond à ce qui est sombre et pesant dans les objets et, chez les sujets, à l'indifférence et au sommeil. Le premier *guna* prédomine dans les mondes des dieux, le second dans le monde des hommes et le troisième dans le monde animal, végétal et minéral. Selon cette théorie, la joie ou la souffrance que causent les choses sont, littéralement, en elles. Le plaisir que nous procure le spectacle des fleurs est dans les fleurs. L'origine des diverses couleurs est attribuée aux *gunas :* la prédominance du *sattva* produit le jaune et le blanc ; celle du *rajas,* le rouge et le bleu, et celle du *tamas,* le gris et le noir. Une comparaison classique dit que les *gunas* ressemblent aux mèches de cheveux qu'on entremêle pour faire une tresse.

Les *Purushas,* unis à la matière, forment les êtres vivants. Dans chacun d'eux nous devons distinguer le corps matériel et le corps éthéré ou âme psychique, faite d'une substance impalpable. Le *Purusha,* qui pour se déplacer a besoin d'un corps, est comparé à un invalide ; la *Prakriti,* qui ne peut sentir ni voir sans l'âme, est une aveugle. Le corps matériel périt dans chaque incarnation avec la mort de l'homme ; le corps éthéré ou impalpable est impérissable et accompagne l'âme dans le cycle des transmigrations. Son nom en sanscrit est *linga* et il comporte treize organes : l'entendement, le principe d'individuation (c'est-à-dire l'illusion qui nous induit à penser « Je parle, je suis puissant, je touche, je tue, je meurs »), le *manas* ou organe central, etc. Selon certains maîtres du Sankhyam, il n'y a pas de perceptions simultanées ; chacune exige une durée infinitésimale ; nous croyons en même temps voir une couleur et entendre un son, comme nous croyons voir une aiguille traverser simultanément cent feuilles superposées de lotus.

L'âme immatérielle est un spectateur, un témoin, non un acteur des choses. Quand le corps impalpable ou âme psychique saisit cette vérité, cesse l'union de l'âme et de la matière. L'âme et les deux corps, le matériel et l'impalpable, se désintègrent. L'âme psychique parvient à cette connaissance au moyen d'exercices ascétiques ; elle y est aidée par le premier *guna,* le *sattva.* L'âme libérée de ses deux corps ne réintègre pas une âme complète, mais parvient à l'inconscience totale. Les textes la comparent à un miroir sur lequel rien ne vient se refléter, à un miroir vide. Cette inconscience n'est pas une simple privation, un simple anéantissement; l'âme, qui auparavant était un témoin de la veille et des rêves, l'est maintenant du sommeil absolu.

Pour illustrer la thèse qui soutient que nous sommes, fondamentalement, des spectateurs et non des acteurs, les maîtres du Sankhyam ont recours à une belle métaphore. Celui qui assiste à une danse ou à une représentation théâtrale, finit par s'identifier avec les danseurs ou avec les acteurs; il en va de même pour chacun de nous avec ses pensées et ses actes. De la naissance à la mort, nous sommes continuellement en train de regarder quelqu'un et de partager ses états physiques et mentaux; cette cohabitation intime crée en nous l'illusion d'être quelqu'un. De façon analogue, Victor Hugo intitula son autobiographie : *Victor Hugo raconté par un témoin de sa vie.*

A la ressemblance d'autres systèmes philosophiques de l'Inde, le Sankhyam est athée; cela n'empêche pas les brahmanes de le considérer comme orthodoxe, puisque, entre Hindous, l'orthodoxie ne se définit pas par la croyance en une divinité personnelle mais par la vénération des Vedas : les collections d'hymnes, de prières, de formules magiques et de rites qui forment le plus ancien monument littéraire de l'Hindoustan. D'ailleurs, l'athéisme du Sankhyam n'est pas agressif; le système exclut un Dieu tout-puissant, mais non les innombrables divinités de la mythologie populaire. Garbe cite un texte qui dit ceci : « Dieu ne peut avoir fait le monde par intérêt, car il n'a besoin de rien; ni par bonté, car dans le monde il y a de la souffrance. Donc, Dieu n'existe pas [1]. »

Par contre, l'anticléricalisme n'y manque pas. Kapila énumère diverses servitudes auxquelles l'homme se soumet; l'une des plus critiquables selon lui, est celle qui oblige à verser des aumônes aux prêtres.

LE VEDANTA

Comme toutes les religions et les philosophies de l'Inde, le bouddhisme présuppose les doctrines des Vedas. Le mot Veda signifie « sagesse » et il s'applique à une vaste série de textes très anciens qui, avant d'être fixés par l'écriture, se transmettaient oralement de génération en génération. Le Coran est un livre sacré, la Bible est un ensemble d'écrits qui furent déclarés canoniques par différents conciles; le caractère divin des Vedas a par contre été reconnu en

1. Lactance, selon Voltaire, attribue à Epicure un raisonnement semblable : « Si Dieu veut supprimer le mal et n'y parvient pas, il est impuissant; s'il peut le faire et ne le veut pas, il est méchant; s'il ne veut ni ne peut, il est à la fois méchant et impuissant; s'il veut et peut comment expliquer la présence du mal dans ce monde? » (*N.d.A.*)

Inde depuis des temps immémoriaux. Hymnes, prières, incantations, formules magiques, litanies, commentaires mystiques et théologiques, méditations ascétiques et interprétations philosophiques font partie des Vedas. C'est là, pense-t-on, l'œuvre de la divinité qui, à la fin de chacun des innombrables anéantissements de l'univers, les révèle à Brahmā; celui-ci, à l'aide des paroles des Vedas, qui sont éternelles, crée un nouvel univers. Ainsi, le mot *pierre* est nécessaire pour qu'il y ait des pierres dans chaque nouveau cycle cosmique.

La plus célèbre des écoles philosophiques, le Vedanta, prend racine dans les Vedas; Vedanta veut dire « Finale » ou « Culmination des Vedas ». Il s'agit d'un monisme panthéiste, proche des doctrines occidentales de Parménide, de Spinoza et de Schopenhauer. Pour le Vedanta il n'existe qu'une seule réalité, appelée soit Brahmā (Dieu), soit Atman (âme), selon que nous la considérons objectivement ou subjectivement. Cette réalité est impersonnelle et unique; ni dans l'univers ni en Dieu il n'y a multiplicité. Le lecteur se souviendra que Parménide nia de façon analogue qu'il y eût variété dans le monde; Zénon d'Elée, son disciple, formula ses paradoxes pour prouver que les notions courantes de temps et d'espace mènent à des conclusions absurdes. Pour Sankara il n'y a qu'un seul sujet connaissant; son essence est l'éternel présent.

Brahmā détruit et recrée l'univers de façon cyclique : ces deux opérations ont un caractère magique ou hallucinatoire. Déjà dans les Vedas, Dieu est le Sorcier qui crée le monde des apparences grâce à la puissance magique de Maya, l'illusion. Deux arguments de nature très différente ont été avancés pour justifier les apparitions et disparitions périodiques de l'univers ; pour les uns, le processus cosmique est naturel et involontaire comme la respiration ; pour d'autres c'est un jeu sans fin auquel la divinité occupe ses loisirs. Rappelons-nous cette phrase d'Héraclite : « Le temps est un enfant qui joue aux dames ; le véritable pouvoir est entre les mains d'un enfant » et le vers du mystique allemand du XVIIe siècle, Angelus Silésius : « Tout cela est un jeu que joue la divinité. »

Pour illustrer la nature factice du monde, Sankara nous parle de l'erreur que l'on commet quand on prend une corde pour un serpent ; derrière le serpent imaginaire il y a une corde réelle ; derrière toutes les cordes et les serpents il y a une réalité, qui est Dieu. Notre ignorance nous fait supposer que la corde est un serpent et l'univers une réalité ; Sankara affirme que l'univers est l'œuvre de l'Ignorance et de l'Illusion, qui sont les deux aspects d'une même essence. Il n'y a pas Maya et Dieu ; Maya est un attribut de Dieu, comme la chaleur et la lumière sont les attributs du feu. Pour qui est parvenu à la vision directe de Dieu, celui-ci ne peut plus créer d'illusions. Le cosmos est l'illusion cosmique; le corps, le Moi et la notion de Dieu créateur sont des facettes particulières de cette illusion. Le salut doit se chercher dans le Vedanta, qui enseigne l'irréalité des choses et la réalité d'une seule chose indéterminée : Dieu ou l'âme. Le Vedanta doit être étudié avec un maître, dont la leçon finale sera : Tu es Brahmā. Une fois compris cet enseignement, l'homme persiste dans son corps et dans le monde, mais il connaît leur caractère illusoire. Dieu est Béatitude; l'âme délivrée l'est aussi. La ressemblance de telles doctrines avec celle du bouddhisme est évidente.

La doctrine du Vedanta se résume en deux célèbres formules : *Tat twam asi* (Tu es cela) et *Aham brahmasmi* (Je suis Brahmā). Toutes deux affirment l'identité de Dieu et de l'âme, de soi et de l'univers. Ce qui veut dire que le principe éternel de tout être, qui peut créer et dissoudre des mondes, est en chacun de nous entier et indivisible. Si le genre humain venait à disparaître à l'exception d'un seul individu, l'univers, avec lui, serait sauvé.

D'autres maîtres du Vedanta ajoutent que l'erreur fondamentale des âmes est de s'identifier avec les corps qu'elles habitent et de rechercher les plaisirs sensuels qui les attachent au monde et sont la cause de leurs successives réincarnations. L'exécution. désintéressée des devoirs imposés par les Vedas conduit au salut. Nous devons aimer le Créateur, non les créatures.

Après la mort l'âme délivrée est, à l'image de Dieu, pure conscience, mais elle ne se confond pas avec Dieu, qui est infini. Telle est la doctrine de Ramanuja; d'autres affirment que les âmes individuelles se perdent dans la divinité, comme la goutte d'eau dans la mer : rappelons-nous le vers final de *The Light of Asia* de Sir Edwin Arnold :

The dewdrop slips into the shining sea [1]

Dans un texte du Vedanta, on lit ceci : « Comme l'homme qui rêve crée beaucoup de figures mais ne cesse d'être lui-même, comme les dieux et les sorciers font surgir sans modifier leur propre nature des chevaux et des éléphants, ainsi le monde sort de Brahmā et ne le modifie pas. » Une illustration splendide de ce qui précède sont ces vers du panthéiste persan du XIIIe siècle, Jalal-Uddin Rumi : « Je suis celui qui tend le filet et je suis l'oiseau; je suis l'image et je suis le miroir; je suis le cri et je suis l'écho. » Schopenhauer écrit de même : « Le tortionnaire et le supplicié ne sont qu'un. Le tortionnaire se trompe, car il croit qu'il n'a pas

1. La goutte de rosée se perd dans la mer scintillante. (*N.d.T.*)

sa part de la souffrance; le supplicié se trompe, car il croit qu'il n'a pas sa part de la faute. » Le poème *Brahmā* d'Emerson commence ainsi :

If the red slayer thinks he slays,
Or if the slain thinks he is slain,
they know not well the subtle ways
I keep, and pass, and turn again[1].

Et ensuite :

They reckon ill who leave me out;
when me they fly, I am the wings;
I am the doubter and the doubt,
and I the hymn the Brahmin sings[2].

Baudelaire dira à son tour : *Je suis le soufflet et la joue.*

Dans la *Bhagavad-Gita* ou Chant du Seigneur, qui est un poème intercalé dans le *Mahabharata,* Arjuna, sur le point d'aller à la bataille, pense qu'il combattra les siens; il laisse tomber son arc et ses flèches et s'assied, abattu. Dans les deux armées il voit « des maîtres, des pères, des fils, des petits-fils, des gens de son sang »; il décide de se laisser tuer. Krishna, qui

1. Si le rouge assassin pense qu'il tue, / ou si le mort se croit assassiné, / ils méconnaissent les subtils chemins par où je passe et repasse. (*N.d.T.*)

2. Ceux qui m'excluent se trompent; / s'ils me fuient, je suis leurs ailes; / je suis l'incrédule et le doute / et l'hymne que chante le brahmane. (*N.d.T.*)

conduit son char de guerre, est un dieu; il lui explique que la bataille est illusoire. Il lui dit : « Jamais je ne fus pas, jamais tu ne fus pas, jamais ne furent pas ces princes, jamais n'arrivera le jour où nous ne serons pas... Celui qui pense que celui-ci tue et celui-là est tué manque de discernement; personne ne tue et personne n'est tué... Celui qui habite les corps laisse les corps qui ont servi et passe à de nouveaux corps. Les épées ne le transpercent pas, le feu ne le brûle pas, les eaux ne le mouillent pas, les vents ne le dessèchent pas... » Et il ajoute : « La bataille est une porte par où l'on entre au Paradis. » A ces paroles du dieu comparons celles de Plotin : « L'acteur qui meurt sur la scène change de masque et réapparaît dans un autre rôle, car il n'est pas véritablement mort. Mourir c'est changer de corps comme changent de masques les acteurs. »

Le Vedanta admet l'existence de plusieurs ciels. L'un d'eux est situé dans la lune; dans d'autres ciels, le bienheureux peut simultanément habiter trois corps ou davantage. Ce miracle, dont le nom technique dans la théologie catholique est bilocation ou trilocation, rappelle Pythagore dont on dit qu'on le vit dans deux villes à la fois. La *Indische Literatur* de Winternitz mentionne cette curieuse légende : « En sortant de la ville de Sravasti, le Bouddha eut à traverser une vaste plaine. Du haut de leurs différents ciels, les dieux lui lancèrent des ombrelles pour le protéger du soleil. Afin de ne pas offenser ses bienfaiteurs, le Bouddha se multiplia courtoisement et chacun des dieux vit un Bouddha qui marchait sous l'ombrelle qu'il lui avait donnée. »

L'homme ne se sauve pas par des bonnes œuvres, car celles-ci entraînent des réincarnations dans lesquelles sont octroyées des récompenses, ce qui est une continuation du Samsara et non une délivrance de la Roue. Le chapitre V éclairera ces derniers concepts.

IV

Cosmologie bouddhiste

Le bouddhisme, comme l'hindouisme, dont il procède, postule un nombre infini de mondes, tous de structure identique. Affirmer que l'univers est limité est une hérésie ; affirmer qu'il est illimité est aussi une hérésie ; affirmer qu'il n'est ni l'un ni l'autre, est également hérétique. Ce triple anathème a sans doute pour but de décourager les spéculations inutiles qui nous détournent de l'urgent problème de notre salut.

Dans le nombril ou centre de chaque monde s'élève une montagne dont le nom est Meru ou Sumeru. Elle a la forme d'une pyramide tronquée de base quadrangulaire ; la face orientale est d'argent, l'australe de jaspe, l'occidentale de rubis et la septentrionale d'or. Au sommet sont situées les villes des dieux et les paradis des bienheureux ; à la base sont les enfers. Autour du Meru, dont la hauteur est de 84 000 lieues, tournent le soleil, la lune et les constellations. Sept mers concentriques, séparées par sept chaînes circulaires de montagnes d'or, entourent le mont Meru; une cible de tir ferait figure de mappemonde bouddhiste. La profondeur des mers et la hauteur des chaînes montagneuses diminuent à mesure qu'elles s'éloignent du centre. Au-delà du dernier cercle de montagnes commence l'océan que connaît l'humanité. Dans ses eaux il y a quatre continents et d'innombrables îles [1]. Le continent oriental a la forme d'une demi-lune; cette forme se répète sur le visage des habitants, qui sont tranquilles et vertueux. On attribue à ce continent la couleur blanche. Le continent austral, qui est le nôtre, a la forme d'une poire; les visages de ses habitants sont également piriformes. Le bien et le mal y règnent, ainsi que les richesses et l'abondance; on lui attribue la couleur bleue. Le continent occidental est rond et rouge; ses habitants, dont la force est extraordinaire, se nourrissent de viande de bœuf et ont des visages ronds. Le continent septentrional est le plus grand de tous. Sa couleur est le vert et il est carré, comme le visage de ses habitants, qui sont herbivores. Leurs âmes, après la mort, vivent dans les arbres.

Chacun de ces continents a deux satellites; dans celui qui est situé à la gauche du nôtre

1. Nous nous référons à la cosmographie exposée par W. Y. Evans-Wentz dans sa préface au *Tibetan Book of the Dead* (Londres, 1957). D'autres orientalistes situent les quatre continents sur les versants du Meru, au bord du premier océan. (*N.d.A.*)

vivent les *rakshasas*, démons ennemis de l'humanité, qui rôdent autour des cimetières, interrompent les sacrifices, harcèlent les personnes pieuses, animent les cadavres et dévorent les êtres humains. Ils peuvent être horribles ou très beaux; certains n'ont qu'un seul œil, d'autres une seule oreille; les uns marchent sur deux jambes, d'autres sur trois, d'autres sur quatre. On leur donne, dans la poésie épique, des épithètes précises : homicides, malfaiteurs, voleurs d'offrandes, terreurs de l'ombre, rôdeurs nocturnes, cannibales, carnivores, buveurs de sang, dévoreurs, gloutons, faces noires. On dit qu'au VIIIe siècle de notre ère, Padma-Sambhava, maître du lamaïsme, leur prêcha la doctrine du Bouddha.

Les habitants du premier continent vivent 250 ans; ceux du deuxième, 100; ceux du troisième, 500 et ceux du quatrième, 2000. Dans l'Ancien Testament il est dit que la durée de la vie humaine est de soixante-dix ans; Schopenhauer, pour justifier le calcul hindou, soutient que ce n'est qu'à cent ans que l'homme meurt naturellement, sans agonie, et que mourir d'une maladie est aussi accidentel que de mourir dans une guerre ou dans un incendie.

La description du monde que nous venons de résumer correspond à un plan horizontal; verticalement, il faut distinguer trois régions superposées. La première, en commençant par le bas, est la sensorielle; elle est habitée par des dieux, des hommes, des démons, des fantômes, des animaux et le peuple des enfers. C'est dans la zone la plus basse de cette région que se trouvent les enfers ou plutôt les purgatoires, car la durée des châtiments n'est pas éternelle. Il y a là huit demeures de feu et huit de glace. Au-dessus des enfers se trouve la zone où nous vivons. La deuxième région, intermédiaire, est celle des formes ; la troisième, supérieure, est celle où les formes n'existent plus. Les dieux sont les uniques habitants de ces deux dernières régions.

Les dieux vivent de nombreux siècles, mais ils ne sont pas immortels. Certains habitent au sommet du mont Meru ; d'autres, des palais suspendus dans les airs. A mesure qu'on s'élève dans la hiérarchie, les jouissances sont de moins en moins physiques ; l'union des dieux inférieurs est semblable à celle des hommes ; ensuite, dans des catégories plus élevées, elle se réalise par le baiser, la caresse, le sourire ou la contemplation. Il n'y a ni conception ni naissance ; les enfants, qui ont déjà entre cinq et dix ans d'âge, apparaissent soudain sur les genoux de la déesse ou du dieu qui est sa mère ou son père (selon la tradition hébraïque, Adam avait trente-trois ans au moment où il fut créé). Les dieux de la deuxième région ignorent les plaisirs des sens : leur aliment est la joie et leurs corps sont faits d'une matière subtile. Ils entendent et ils voient, mais le goût, l'odorat et le toucher leur sont inconnus. Dans la troisième région, les dieux sont incorporels et ils vivent dans une pure extase contemplative qui peut durer vingt, quarante, soixante ou quatre-vingt mille périodes cosmiques.

Chaque monde flotte sur l'eau, l'eau sur le vent, le vent sur l'éther. Les mondes dont le nombre est incalculable, sont rassemblés en groupes de trois, et parmi ces groupes s'étendent des espaces déserts, vastes et ténébreux, qui sont réservés aux châtiments.

Il convient de rappeler que cette pittoresque cosmographie ne constitue pas l'essence de la doctrine que prêcha le Bouddha. Il ne s'agit certes pas d'un dogme; ce qui importe, c'est la discipline monastique qui est pour l'homme le chemin de la délivrance.

V

La métempsycose

Le bouddhisme, qui est aujourd'hui une religion, une théologie, une mythologie, une tradition picturale et littéraire, une métaphysique ou, plutôt, une série de systèmes métaphysiques qui s'excluent l'un l'autre, fut à l'origine une discipline de salut, une sorte de yoga (le mot *yoga* est voisin du mot latin *jugum*, « joug »). Le Bouddha, quant à lui, refusa toutes les discussions abstraites parce qu'elles lui semblèrent inutiles et il formula la célèbre parabole de l'homme blessé par une flèche et qui ne veut pas qu'on la lui retire avant de connaître la caste, le nom, les parents et le pays de celui qui l'a blessé. Procéder ainsi, dit le Bouddha, c'est se mettre en danger de mort; moi j'enseigne à ôter la flèche. Par cette parabole, il répondit à ceux qui lui demandaient si l'univers est infini ou fini, s'il est éternel ou s'il a été créé.

Une autre parabole cite le cas d'un groupe

d'aveugles de naissance qui désiraient savoir ce qu'était un éléphant. L'un d'eux lui toucha la tête et dit que c'était comme une grande cruche; un autre, la trompe et dit que l'éléphant était comme un serpent; un autre, les défenses et il dit qu'elles étaient comme des socs de charrue; un autre, le flanc et dit que c'était comme un grenier; un autre la patte et dit que c'était comme un pilier. Ceux qui prétendent savoir ce qu'est l'univers commettent une erreur semblable.

De même que la doctrine de Jésus présuppose l'Ancien Testament, celle du Bouddha présuppose l'hindouisme, dont la croyance en la métempsycose constituait déjà un des traits essentiels. Cette croyance, qui à première vue peut paraître bizarre, a été professée par différents peuples à diverses époques.

Chez les Grecs, cette doctrine remonte à Pythagore. Celui-ci, selon Diogène Laërce, prétendit avoir reçu d'Hermès le don de se rappeler ses vies antérieures; après avoir été Euphorbe, il avait été Hermotime et il reconnut dans un temple le bouclier que ce dernier avait utilisé pendant la guerre de Troie. Les adeptes de l'orphisme enseignèrent aussi que le corps est sépulture et prison de l'âme. Un fragment d'Empédocle d'Agrigente dit : « J'ai été jeune homme, jeune fille, arbuste, oiseau et poisson muet surgissant de la mer. » Il parla également de son angoisse et de ses larmes quand il vit la terre et qu'il comprit qu'il allait naître en cet endroit. Platon, au livre X de *La République*, raconte la vision d'un soldat blessé qui parcourt les cieux et le Tartare; il y voit l'âme d'Orphée, qui choisit de renaître sous la forme d'un cygne; celle d'Agamemnon, qui préfère celle d'un aigle, et celle d'Ulysse qui, en une certaine occasion s'était appelé Personne et qui, maintenant ne veut être qu'un homme discret et obscur. Selon Platon, le cycle des réincarnations durerait mille ans, modeste réduction grecque des *kalpas* ou jours de Brahmā, qui durent douze millions d'années. Plotin, philosophe et mystique, dit : « Les réincarnations successives sont comme un rêve qui suit un autre rêve, ou encore comme si l'on dormait en des lits différents. »

César attribue la croyance en la métempsycose aux druides de Bretagne et de Gaule. Dans un poème celtique du VIe siècle on trouve cette énumération hétérogène qui utilise les possibilités littéraires qu'offre une telle doctrine :

J'ai été la lame d'une épée,
J'ai été une goutte dans la rivière,
J'ai été une étoile scintillante,
J'ai été un mot dans un livre,
J'ai été un livre au commencement,
J'ai été une lumière dans une lanterne,
J'ai été un pont qui traverse soixante rivières,
J'ai voyagé comme un aigle,
J'ai été une barque sur la mer,

J'ai été un capitaine dans la bataille,
J'ai été une épée dans la main,
J'ai été un bouclier dans la guerre,
J'ai été la corde d'une harpe,
Pendant un an un sort a fait de moi l'écume de l'eau.

Les cabalistes hébreux distinguent deux sortes de métempsycose : *Gilgul* (révolution) et *Ibbur* (fécondation). Au sujet de la première, on lit dans un livre d'Isaac Louria : « L'âme de celui qui a répandu le sang transmigre dans l'eau et est traînée d'un endroit à l'autre, indéfiniment; la souffrance est plus forte dans une cascade. » Dans la seconde, l'âme d'un ancêtre ou d'un maître pénètre dans l'âme d'un malheureux, pour le réconforter et l'instruire.

Les hindous n'ont pas cherché à démontrer cette doctrine de la réincarnation qui est pour eux un axiome évident. Le *Livre de la loi de Manu* dit ceci : « L'assassin d'un brahmane s'incarne dans le corps d'un chien, d'un porc-épic, d'un âne, d'un chameau, d'un taureau, d'une chèvre, d'un veau, d'une bête sauvage, d'un oiseau, d'un chandala et d'un pullkaza[1] » selon les circonstances du crime. « Celui qui dérobe des vêtements de soie renaît perdrix; s'ils sont en lin, grenouille; s'ils sont tissés en coton, héron; s'ils sont en peau de vache, crocodile. S'il

1. Noms de castes inférieures. (*N.d.A.*)

vole des parfums de prix il renaît rat musqué; si c'est de l'origan, une dinde; si c'est du riz cuit, hérisson, et si c'est du riz cru, porc-épic. S'il a volé du feu il renaît grue; si c'est un ustensile domestique, bourdon; si ce sont des vêtements écarlates, une perdrix rouge. »

Cette idée aussi singulière de la transmigration de l'âme à travers des corps humains, animaux et même végétaux, a suscité, naturellement, les réactions les plus diverses. Citons, à titre de curiosité, l'hypothèse diététique de Voltaire. Selon ce dernier, les brahmanes estimèrent qu'un régime carné pouvait être dangereux aux Indes et, pour que le peuple ne mange pas de viande, ils inventèrent que les âmes humaines peuvent fort bien aller loger dans le corps des animaux. La défense hébraïque de manger de la viande de porc a été attribuée de même à la crainte de la trichinose. Une autre hypothèse est que l'homme tire un meilleur rendement d'une vache avec son lait plutôt qu'avec sa viande.

David Hume affirme que la doctrine de la réincarnation est la seule que la philosophie puisse accepter et que tous les arguments qui prouvent l'immortalité de l'âme prouvent aussi sa préexistence. Pour Schopenhauer, il n'y a dans le monde qu'une seule essence : la Volonté, d'où procèdent toutes les formes de l'univers; la métempsycose est un mythe qui expose dans ses successions cette réalité éternelle et omniprésente.

En Inde, la croyance dans la transmigration des âmes implique une cosmologie d'infinis anéantissements et de créations périodiques. En mentionnant d'abord les anéantissements, nous suivons l'exemple des textes originaux; cet ordre déconcerta les exégètes européens qui ne comprirent pas tout de suite que le but était d'éluder toute idée d'un commencement absolu de l'univers, tel celui par exemple qui est énoncé au premier verset de la Genèse. Chaque cycle dure un *kalpa;* certaines représentations classiques peuvent nous aider à concevoir ces périodes presque infinies. Imaginons une montagne de pierre de dix-huit mille mètres de haut; tous les cent ans une très fine soie de Bénarès passe au-dessus d'elle et l'effleure. Quand cet effleurement aura usé jusqu'à la faire disparaître cette haute montagne, il ne se sera pas écoulé un *kalpa*. Notons au passage que l'astronomie moderne jongle avec des chiffres qui ne sont pas moins vertigineux.

La mentalité hindoue se complaît à imaginer de vastes périodes de temps qui, récemment encore, étaient tout à fait étrangères aux habitudes des mentalités occidentales. Au deuxième siècle de l'ère chrétienne le célèbre théologien Irénée, évêque de Lyon, avait calculé que la durée de l'histoire universelle serait de six mille ans, correspondant aux six journées de la

Genèse. Les Hindous, à l'inverse, ont été fascinés par la contemplation et l'établissement de délais démesurés. La vie de Brahmā comporte des jours, des nuits et des années, mais chaque jour est un *kalpa*, qui est l'équivalent de 4752 millions d'années humaines. Chaque *kalpa* comprend mille grandes périodes cosmiques, qui se divisent chacune en quatre *yugas*, appelées *Krita-yuga* ou Age d'Or, *Trêta-yuga* ou Age d'Argent, *Dvâpara-yuga* ou Age du Bronze et *Kali-yuga* ou Age du Fer. La première dure 4000 années divines, c'est-à-dire 1440000 années humaines (puisque une année divine est égale à 360 années humaines); la deuxième dure 3000 années divines, c'est-à-dire 1080000 années humaines; la troisième dure 2000 années divines, c'est-à-dire 720000 années humaines, et la quatrième, 1000 années divines, c'est-à-dire 360000 années humaines. Cette chronologie complexe et virtuellement illimitée fut établie entre l'époque du Rigveda et celle du Mahabharata. Dans un passage de cette épopée, un minutieux exposé du système est fait de la bouche même du singe Hamman, célèbre en tant que guerrier, en tant que mage et en tant que grammairien.

Avant et après chaque *yuga*, il y a une période appelée crépuscule, dont la durée est la dixième partie de la *yuga*. Ainsi, la *Krita-yuga* comporte 4000 années divines; son crépuscule antérieur est de 400 années, le postérieur d'encore 400 qui additionnées aux 4000 de la *yuga*, donnent un total de 1 728 000 années humaines.

Avec chaque *yuga* diminuent la longévité, la taille et l'éthique des hommes; dans la première, par exemple, tous les hommes étaient brahmanes. L'époque que nous traversons est la dernière. Brahmā n'est pas immortel; ses jours et ses nuits prennent fin au bout de 36 000 *kalpas;* il meurt et est remplacé par un autre Brahmā, qui reprend le jeu des créations et des anéantissements, et ainsi à l'infini.

La première chose qui apparaît à chaque période, c'est le palais de Brahmā. Le dieu parcourt ses pièces vides et se sent très seul. Il pense aux autres dieux; ceux-ci renaissent dans le monde de Brahmā car ils ont alors épuisé le *karma* qui leur permettait de vivre dans des cieux plus élevés. Brahmā suppose que les dieux ont été créés par son désir; les dieux partagent cette erreur parce que Brahmā était dans le palais avant eux. Puis surgissent le mont Meru, la terre, les hommes et les enfers.

Dans le bouddhisme on distingue deux sortes de *kalpas :* les *kalpas* vides, et les *kalpas* bouddhiques. Durant les premiers ne naissent pas de Bouddhas; durant les seconds, une fleur de lotus annonce le lieu où croîtra l'Arbre de l'Illumination.

Si chaque réincarnation est la conséquence d'une réincarnation antérieure, si nos joies et nos peines actuelles dépendent de ce que nous avons fait dans une vie précédente, il est évident qu'il ne peut y avoir un premier terme de la série. Pour le Bouddha, chacun de nous a déjà parcouru un nombre infini de vies, mais il peut éviter de parcourir d'infinies vies futures s'il parvient à la délivrance ou *nirvana*. Précisons qu'*infini* n'est pas, pour le bouddhisme, synonyme d'*indéfini* ou d'*innombrable;* cela veut dire, comme dans les mathématiques, une série sans principe ni fin. Notre passé n'est pas moins démesuré ni moins insondable que notre avenir.

Nous avons dit que chaque incarnation détermine la suivante; cette détermination constitue ce que les écoles philosophiques de l'Inde appellent le *karma*. Le mot est du sanscrit et dérive de la racine *kri* qui signifie « faire » ou « créer ». Le *karma* est l'œuvre que sans cesse nous tissons; tous ses actes, toutes ses paroles, toutes ses pensées — peut-être tous ses rêves — concourent, quand l'homme meurt, à la formation d'un autre corps (de dieu, d'homme, d'animal, d'ange, de démon, de réprouvé) et d'un autre destin. Si l'homme meurt ayant au cœur une soif de vivre, il se réincarne; c'est comme si, en mourant, il plantait une graine.

Radhakrishnan a défini le *karma* comme la loi de la conservation de l'énergie morale. Nous pouvons également considérer qu'il est une interprétation éthique de la loi de causalité; dans chaque cycle de l'univers, les choses seraient l'œuvre de l'action des humains, créateurs des montagnes, des rivières, des plaines, des marécages, des bois. Si les arbres donnent des fruits et si le blé pousse dans les champs, cela est dû au mérite des hommes. Selon cette doctrine, la géographie est une projection de l'éthique.

Le *karma* agit d'une façon impersonnelle. Il n'y a pas de divinité qui soit comme un juge distribuant châtiments et récompenses; chaque acte porte en lui-même le germe d'une récompense ou d'un châtiment qui peuvent ne pas se réaliser dans l'immédiat mais qui sont inéluctables. Christmas Humphreys écrit : « On ne châtie pas un pécheur pour ses péchés; ce sont ses péchés qui le châtient. Par conséquent le pardon n'existe pas et personne ne peut l'octroyer. » Par le simple fait d'être un substantif, le mot *karma* suggère une entité autonome; il convient de rappeler qu'il n'est qu'une émanation des actes humains, qui — selon la nature de ceux-ci — produisent inévitablement des conséquences défavorables ou heureuses. Le *karma* est la loi de l'univers, mais cette loi n'a pas été promulguée par un législateur et aucun juge ne l'applique. Son action est inexorable; dans le *Dhammapada* on peut lire : « Ni dans le ciel, ni au milieu de la mer, ni dans les crevasses les plus profondes des montagnes, il n'existe un endroit où l'homme puisse être absous d'une mauvaise action. »

La croyance en un *karma* apprend à supporter les malheurs avec résignation. Paul Deussen raconte qu'il a eu une conversation à Jaipur avec un mendiant aveugle. Quand il lui demanda comment il avait perdu la vue, l'autre répondit : « Dans une vie antérieure, j'ai dû commettre un crime quelconque. » En d'autres termes : il n'y a pas de souffrance imméritée ni de bonheur immérité. Les Hindous considèrent la charité comme de l'ostentation et comme une erreur, car l'être malheureux ne fait qu'expier des fautes commises dans une vie antérieure et tenter de l'aider c'est retarder le paiement inéluctable de cette dette. C'est pourquoi Gandhi condamna la fondation d'asiles et d'hôpitaux. Aux Indes, la foi dans la transmigration est si profonde que personne n'a cherché à en faire la preuve, contrairement à ce qui se passe chez les chrétiens où abondent les preuves, sans doute irréfutables, de l'existence de Dieu. En dehors de la pratique de l'ascétisme, presque toutes les bonnes actions en reviennent à aider son prochain; si cette aide au prochain nous est interdite, on se demande ce qu'il peut bien rester comme bonnes actions à faire.

Karma est le nom général de la loi, mais c'est aussi ce que les théosophes appellent le *corps karmique,* c'est-à-dire l'organisme ou structure psychique que les mérites et démérites de l'homme tissent durant sa vie et qui, après sa mort, crée un autre corps qui aura à affronter d'autres circonstances.

Pour le bouddhiste, les concepts de transmigration et de *karma* sont inséparables et certains les considèrent comme les deux faces d'une même monnaie. Pour l'Occidental, le concept de transmigration est clair ou, à première vue, semble clair, tandis que celui de *karma* lui apparaît arbitraire et difficile à saisir. La théorie platonicienne ou pythagoricienne de la transmigration présuppose une âme qui transmigre, une pure essence immortelle qui se loge dans un corps puis dans un autre ; le bouddhisme, par contre, nie l'existence du Moi et a recours au *karma* pour assurer la continuité à travers diverses vies. Le concept d'une structure très complexe que chaque individu construit tout au long de sa vie se prête moins à la transmigration que le concept d'une âme individuelle qui passe d'une forme corporelle à une autre forme. Cette inconcevable structure, le *karma*, est peut-être l'un des points faibles du bouddhisme.

Dans le *Visuddhimagga* (Chemin de la Pureté) on lit ceci : « Nulle part je ne suis quelque chose pour quelqu'un, ni quelqu'un n'est quelque chose pour moi ». Dans le même esprit, un contemporain du Bouddha, Héraclite d'Ephèse, a dit : « Personne ne se baigne deux fois dans le même fleuve », sentence que Plutarque a commentée ainsi : « L'homme d'hier est mort dans l'homme d'aujourd'hui, celui d'aujourd'hui meurt dans celui de demain. » Le Chemin de la Pureté déclare : « L'homme d'un moment futur vivra, mais il n'a pas vécu et ne vit pas. L'homme du moment présent vit, mais il n'a pas vécu et ne vivra pas. » Dans le bouddhisme, chaque homme est une illusion, résultant de la projection vertigineuse de toute une série d'hommes momentanés et seuls. L'apparence de continuité qu'une succession d'images produit sur l'écran cinématographique peut nous aider à comprendre cette idée quelque peu déconcertante. Dans la philosophie moderne citons les noms de Hume, pour qui l'individu est un amas de perceptions qui se succèdent à une vitesse incroyable, et de Bertrand Russell, pour qui tout se résume en des actes impersonnels, sans sujet ni objet.

L'hypothèse de l'impermanence de l'individu a suscité des commentaires ironiques. On raconte qu'un brahmane exposa cette doctrine à un soldat d'Alexandre de Macédoine ; le soldat le laissa parler puis il le renversa d'un coup de poing. Devant les protestations du brahmane, l'homme, qu'il avait converti, lui dit : « Ce n'est plus moi qui t'ai frappé, et tu n'es plus celui qui a été frappé. » De la fugacité de l'homme d'Héraclite, le pythagoricien Epicarne s'est moqué dans une comédie. Un débiteur insolvable prétend qu'il n'est plus l'homme qui a contracté la dette ; le créditeur accepte son excuse et l'invite à dîner. Quand le débiteur arrive au banquet, les esclaves l'expulsent, le créancier lui faisant dire qu'il n'est plus la personne qui avait fait l'invitation.

Une célèbre œuvre apologétique du IIe siècle, les *Questions du roi Milinda,* rapporte un dialogue dont les interlocuteurs sont le roi de la Bactriane, Milinda (Ménandre) et le moine Nâgasêna. Ce dernier fait le raisonnement suivant : de même que le char du roi n'est ni les roues ni le coffre ni l'essieu ni le timon ni le joug, l'homme à son tour n'est ni la matière ni la forme ni les sensations ni les idées ni les instincts ou la conscience. Il n'est pas la combinaisons de ces parties, et il n'existe pas sans elles. Les cinq éléments (*skandhas*) énumérés par le moine correspondent à une notion courante dans la psychologie hindoue; on a aussi donné à l'avant-dernier de ces éléments chez l'homme le nom de subconscient ou individualité. Nâgasêna demande ensuite si la flamme d'une lampe qui brûle au début de la nuit est la même que celle de la fin de la nuit; on lui répond que oui. Nâgasêna applique ces analogies de la lampe et de la flamme au cas de l'homme qui, de sa naissance à sa mort, n'est ni le même ni un autre. Après plusieurs jours de dialogue, le roi grec adhère à la foi du Bouddha.

Le bouddhisme envisage six conditions pour l'homme après sa mort. On les appelle les Six Chemins de la Transmigration et ce sont, dans l'ordre, les suivantes :

1) La condition de dieu (*deva*). Ces êtres

viennent de la mythologie hindoue et, selon certains auteurs, ils sont au nombre de trente-trois : onze pour chacun des trois mondes. Deva et Deus ont la même racine *div,* qui signifie « resplendir ».

2) La condition d'homme. C'est la plus difficile à atteindre. Une parabole nous parle d'une tortue qui vit au fond de la mer et dont la tête émerge tous les cent ans; un anneau flotte à la surface des eaux; il y a aussi peu de chance pour que la tortue passe sa tête dans l'anneau que pour qu'un être après sa mort s'incarne dans un corps humain. Cette parabole nous incite à bien profiter de notre temps d'humanité, étant donné que seuls les hommes peuvent accéder au *nirvana.*

3) La condition de *asura.* Les *asuras* sont ennemis des *devas* et correspondent en quelque sorte aux géants de la mythologie scandinave et aux titans grecs. Une tradition les fait naître de l'aine de Brahmā; on pense qu'ils habitent sous terre et qu'ils ont leurs propres rois. Voisins des *asuras* sont les *nagas,* serpents à visage humain qui demeurent dans des palais souterrains, où ils sont gardiens des livres ésotériques du bouddhisme.

4) La condition animale. La zoologie bouddhiste les classe en quatre espèces : ceux qui n'ont pas de pieds, ceux qui ont deux pieds, ceux qui ont quatre pieds et ceux qui ont beaucoup

de pieds. Les *jakatas*[1] mentionnent des vies antérieures du Bouddha dans des corps d'animaux.

5) La condition de *preta*. Les *pretas* sont des réprouvés tourmentés par la faim et la soif; leur ventre peut avoir la taille d'une montagne et leur bouche celle du chas d'une aiguille. Ils sont noirs, jaunes ou bleus, couverts de lèpre et d'immondices. Certains se nourrissent de flammèches, d'autres tentent de manger leur propre chair. Ils s'incorporent volontiers dans les cadavres et déambulent dans les cimetières.

6) La condition d'être infernal. Ces êtres souffrent dans les profondeurs souterraines, mais ils peuvent aussi être enfermés dans un rocher, un arbre, une maison ou une cruche. Le Juge des Ombres habite au centre des enfers et demande aux pécheurs s'ils n'ont pas vu le premier messager des dieux (un enfant), le deuxième (un vieillard), le troisième (un malade), le quatrième (un homme torturé par le bourreau), le cinquième (un cadavre en voie de décomposition). Le pécheur les a vus, mais il n'a pas compris qu'ils étaient des symboles et des avertissements. Le Juge le condamne à l'Enfer de Bronze, qui a quatre angles et quatre portes; il est immense et rempli de feu. Au bout de nombreux siècles une des portes s'entrouvre : le pécheur parvient à sortir et pénètre dans l'Enfer

1. Fables sur les réincarnations du Bouddha. (*N.d.A.*)

de Fumier. Au bout de nombreux siècles, il peut s'enfuir et passe alors dans l'Enfer des Chiens. D'où, quelques siècles encore, il entrera dans l'Enfer des Epines, pour revenir à l'Enfer de Bronze.

VI

Doctrines bouddhistes

LA ROUE DE LA LOI

Dans son sermon de Bénarès, prêché dans le Parc des Gazelles, le Bouddha condamne la vie charnelle, qui est basse, ignoble, matérielle, indigne et insensée; il condamne aussi la vie ascétique, qui est indigne, insensée et douloureuse. Il préconise une voie moyenne : le Sentier Sacré, l'Octuple Sentier, où mènent les Quatre Nobles Vérités.

Ces vérités sont : la souffrance, la cause de la souffrance, la suppression de la souffrance et la voie qui conduit à la suppression de la souffrance, cette voie étant l'Octuple Sentier. Deussen observe que le quatrième terme de la série est superfétatoire étant donné que la quatrième Noble Vérité, on vient de le voir, n'est autre que l'Octuple Sentier. Deussen pense que dans le Parc des Gazelles il a été parlé de l'Octuple Sentier et que la doctrine des Vérités est une addition ultérieure. Selon Kern, les Quatre

Vérités appliquent au problème cosmique une ancienne formule médicale et elles correspondraient à la maladie, au diagnostic, à la guérison et au traitement.

Qu'est-ce que la souffrance? Le Bouddha répond : « C'est naître, vieillir, tomber malade, être uni à ce que l'on n'aime pas, être séparé de ce que l'on aime, ne pas réaliser son désir. »

Quelle est la cause de la souffrance? Le Bouddha répond : « C'est la Soif (*Trishna*) qui mène de réincarnation en réincarnation accompagnée de plaisirs sensuels et qui, tantôt ici, tantôt là, cherche à être apaisée. » La Soif du Bouddha correspond à la Chose en Soi de Schopenhauer, la Volonté; elle se rapproche aussi de l'*élan vital* de Bergson, de la *life force* de Bernard Shaw. Le Bouddha et Schopenhauer condamnent la Volonté et la Soif; Bergson et Shaw croient à l'*élan vital* et à la *force vitale.*

Qu'est-ce que la destruction de la souffrance? Le Bouddha répond : « C'est la suppression de cette Soif qui mène de réincarnation en réincarnation, accompagnée de plaisirs sensuels et qui, tantôt ici, tantôt là, cherche à être apaisée. » Le nom technique de cette suppression est *nirvana,* concept qui sera étudié plus loin.

Quel est le chemin qui mène à la destruction de la souffrance? Le Bouddha répond : « C'est l'Octuple Sentier Sacré : connaissance droite, pensée droite, langage droit, action droite, existence droite, effort droit, attention droite, méditation droite. » Ces normes constituent une voie moyenne, à mi-distance entre la vie charnelle et la vie ascétique, entre les excès de la rigueur et les excès de la licence.

Cette doctrine, observe Köppen, n'est ni dogmatique ni spéculative ; elle est morale et pratique. Ceci est confirmé par les paroles mêmes du Bouddha : « De même que la vaste mer est imprégnée d'une seule saveur, celle du sel, de même cette doctrine est imprégnée d'une seule saveur, celle de la délivrance. » Les huit termes abstraits du Sentier ont été interprétés de diverses façons par les commentateurs. Le terme initial a été traduit par « foi, compréhension, opinions, connaissance »; l'avant-dernier par « attention, concentration, vigilance, mémoire » (cette dernière, la mémoire, selon Köppen, s'entend par l'exercice quotidien du rappel des actes exemplaires du maître). La juste ou droite concentration est l'extase, l'étape la plus haute. A première vue, de telles divergences sont inquiétantes, mais elles n'empêchent pas de se faire une idée générale du système. Il ne faut d'ailleurs pas oublier qu'une exacte compréhension intellectuelle de la doctrine importe bien moins que de l'assimiler et de la vivre.

Un autre passage célèbre est ce Sermon du Feu, prêché devant un millier d'ermites à Uruvela. « Tout est en flammes, ô disciples.

L'œil, ô disciples, est en flammes, ce qu'on voit est en flammes; la sensation produite par le contact de l'œil avec les choses visibles, qu'elle soit agréable, douloureuse ou indifférente, n'en est pas moins en flammes. Par quel feu tout cela est-il enflammé? — Par le feu de la convoitise, le feu de la colère, le feu de l'ignorance; la naissance, la décrépitude, la mort, les peines, les lamentations, la douleur, l'abattement et le désespoir : telles sont mes paroles. » Ce qu'on a dit là de la vue s'applique ensuite à l'ouïe, à l'odorat, au goût, au toucher et à la conscience. La deuxième partie du sermon reprend le même schéma : « Sachant cela, ô disciples, un sage, un noble auditeur écoutant la doctrine rejettera les choses visibles, rejettera la perception des choses visibles, il rejettera le contact avec les choses visibles, que la sensation soit agréable, douloureuse ou indifférente. » A la vue succèdent obligatoirement l'ouïe, l'odorat, le goût, le toucher et la conscience. Le sermon s'achève sur ces mots : « Ayant rejeté tout cela, un sage, un noble auditeur sera libéré de tout désir; libéré de tout désir, il sera sauvé; une fois sauvé, il se sentira pénétré de cette conviction : — Je suis libre; toute renaissance est exclue, la sainteté est atteinte, le devoir accompli; je ne reviendrai plus ici-bas. — Telle est la connaissance qu'il a acquise. »

Héraclite d'Ephèse lui aussi a recours au

symbole du feu pour signifier que le monde est éphémère et douloureux.

LE PROBLÈME DU NIRVANA

Affirmer que la fascination exercée par le bouddhisme sur les mentalités et les imaginations occidentales procède du mot *nirvana* est une exagération évidente mais elle renferme une parcelle de vérité. Il semble impossible, en effet, que ce mot si sonore et si énigmatique ne recouvre quelque chose de précieux. Les littératures européennes et américaines l'ont copieusement utilisé, mais rarement dans son sens originel; il nous suffira de citer Lugones, qui l'emploie pour signifier l'insensibilité ou la confusion :

Vago pavor lo amilana
y va a escribirle por fin
desde su informe nirvana [1]...

Moins euphonique est la forme pali *nibbana* ou la chinoise *ni-pan. Nirvana* est un mot sanscrit qui, étymologiquement, équivaut à « disparition », « extinction »; on pourrait aussi traduire « le fait de disparaître » ou « le fait de

1. Une vague crainte l'abat / et il va lui écrire enfin / depuis son brumeux nirvana. (*N.d.T.*)

s'éteindre ». Le terme est approprié, car les textes classiques du bouddhisme comparent habituellement la conscience à la flamme d'une lampe, qui est et n'est pas la même aux diverses heures de la nuit.

Le Bouddha ne créa pas ce mot; les jaïnistes l'emploient eux aussi. Dans le *Mahabharata* on parle de Nirvana et, à plusieurs reprises, de *brahma-nirvanam,* extinction en Brahmā. La locution *s'éteindre en Brahmā, s'éteindre dans la divinité,* peut suggérer une goutte qui se perd dans l'océan ou une étincelle qui disparaît dans le feu cosmique : Deussen observe que, pour les Hindous, l'âme individuelle est tout l'océan et tout le feu. Dans beaucoup de passages, Nirvana est synonyme de Brahmā et de bonheur; s'éteindre en Brahmā c'est percevoir clairement qu'on est soi-même Brahmā.

Par contre le bouddhisme nie, devançant Hume, la conscience et la matière, l'objet et le sujet, l'âme et la divinité. Pour les Upanishads [1], le processus cosmique est le rêve d'un dieu; pour le bouddhisme, il y a bien un rêve mais il n'y a pas de rêveur. Derrière le rêve et sous le rêve il n'y a rien. Le Nirvana est l'unique salut.

Les premiers investigateurs européens accentuèrent le caractère négatif du Nirvana; le P. Dahlmann l'appela « abîme d'athéisme et de

1. Traités philosophiques et théologiques fondés sur les Vedas, qui interprètent et commentent ces derniers. (*N.d.A.*)

nihilisme »; Burnouf le traduisit par anéantissement; Schopenhauer, qui a tant influé sur les interprétations occidentales de la doctrine du Bouddha, considère que Nirvana est un euphémisme pour le mot néant. « Pour ceux chez qui la volonté est morte, cet univers qui est le nôtre, si réel qu'il soit avec toutes ses voies lactées et tous ses soleils c'est, ni plus ni moins, le néant. » Rhys Davids, entre autres, rappelle que le Nirvana est un état auquel on peut parvenir dans cette vie et qui consiste en l'extinction non pas de la conscience mais bien des trois péchés capitaux : la sensualité, la malveillance et l'ignorance. Pischel parle de l'extinction de la Soif, *trishna*. Si le saint atteint le Nirvana avant sa mort, ses actions ne produisent plus aucun karma; il peut prodiguer ses bontés ou commettre des crimes, ses actes n'ont plus ni récompense ni châtiment car il est délivré de la Roue et il ne renaîtra plus.

Le Bouddha, sous le figuier sacré, parvint au Nirvana; quarante ans plus tard, quand mourut définitivement son corps physique, il atteignit le *parinirvana* ou *nirvana complet*. Logiquement, l'univers devrait ne plus exister pour celui qui a été délivré, puisqu'il comprend alors que sa nature est illusoire. Après la terrible révélation, il devrait mourir, comme meurent ceux qui ont vu Dieu face à face (Jéhovah, sur le Sinaï, le dit à Moïse : « Tu ne pourras voir mon visage, car personne ne peut me voir et vivre »). Dans les textes du Vedanta il est dit que l'homme continue à vivre après la révélation, comme continue à tourner le tour du potier une fois terminé le vase. Il vit de l'impulsion des actes qu'il a exécutés avant la révélation ; ceux qu'il exécutera par la suite n'auront pas de conséquences. Le *jivan-mukti* (le sauvé en vie) continue à vivre comme un homme qui rêve et sait qu'il rêve et laisse se dérouler le rêve. Sankara propose cet exemple : « De même qu'un homme aux yeux malades ne voit pas une lune mais deux, tout en sachant qu'il n'y en a qu'une, ainsi l'homme sauvé continue à percevoir le monde sensoriel tout en sachant qu'il n'existe pas. »

Dahlmann cite un passage de caractère épique : « Succès et échec, vie et mort, plaisir physique et douleur physique ; je ne suis ni ami ni ennemi de ces fictions ». Dans les *tantras*, textes qui sont contemporains d'une dégénérescence du bouddhisme au IXe siècle, on trouve des réductions à l'absurde du passage précédent : « Pour lui, un fétu de paille est comme un joyau... une nourriture comme de la boue ; un hymne de louange comme une injure ; le jour comme la nuit ; ce qu'on voit comme ce qu'on rêve ; une mère comme une prostituée ; le plaisir comme la douleur ; le ciel comme l'enfer ; le mal comme le bien. »

Les néophytes se préparent au Nirvana en s'exerçant quotidiennement à approfondir la notion d'irréalité. En marchant dans la rue, en conversant, en mangeant, en buvant, ils doivent penser que ces actes sont éphémères et illusoires et qu'ils ne présupposent pas un acteur, ni un sujet durable.

Pour les mystiques juifs, chrétiens et islamiques, les images qui se rapportent à l'extase sont généralement celles qui évoquent l'amour paternel ou conjugal ; pour le bouddhisme, le Nirvana est « port de refuge, île entre les torrents, fraîche grotte, autre rive, cité sacrée, panacée, ambroisie, eau qui apaise la soif des passions, rivage où se sauvent les naufragés du fleuve des cycles ». Dans les *Questions du roi Milinda* on lit que le Nirvana est intemporel et que nos sens ne peuvent le percevoir. Si nous parvenons cependant jusqu'à lui grâce à une série de causes, le Nirvana est antérieur à ces causes et existe en dehors d'elles. Sa mesure et sa durée échappent également à toute évaluation. Hermann Oldenberg observe que les bouddhistes le conçoivent métaphysiquement comme un licu où les êtres libérés se reposent ; on dit « entrer dans le Nirvana ». Dans les *Questions du roi Milinda* il est écrit que de même que les rivières entrent dans la mer et la mer ne se remplit pas, les êtres entrent dans le Nirvana sans jamais le remplir. Il convient de rappeler la phrase analogue de l'Ecclésiaste : « Tous les fleuves vont à la mer et la mer ne se remplit pas », selon la version de Cipriano de Valera.

L'énigme du Nirvana est peut-être identique à l'énigme du sommeil ; dans les Upanishads on lit que les hommes plongés dans un sommeil profond sont l'univers. Selon le Sankhyam, l'état de l'âme en profond sommeil est le même que celui qu'elle atteindra après sa délivrance. L'âme libérée est comme un miroir dans lequel rien ne se reflète.

L'investigateur autrichien Erich Frauwallner (*Geschichte der indischen Philosophie*, Salzbourg, 1953) a renouvelé notre conception du Nirvana grâce à l'étude de la signification de ce mot à l'époque du Bouddha. Nous savons que Nirvana signifie « extinction ». Pour nous, l'extinction d'une flamme équivaut à son anéantissement ; pour les Hindous, la flamme existe avant qu'on ne l'allume et subsiste après qu'on l'a éteinte. Allumer un feu c'est le rendre visible ; l'éteindre, c'est le faire disparaître, non pas le détruire. Il en va de même de la conscience, selon le Bouddha : quand elle habite le corps nous la percevons ; quand le corps meurt elle disparaît, mais elle ne cesse d'exister. Pour parler du Nirvana, le Bouddha emploie des mots positifs ; il parle d'une sphère du Nirvana et d'une cité du Nirvana.

L'apprentissage du Nirvana est l'essentiel de la doctrine prêchée par le Bouddha. Celui-ci était parvenu à connaître tous les mystères de l'univers, mais ce qu'il s'était proposé d'enseigner c'était le moyen de se libérer du *Samsara* ou monde des apparences. Les textes parlent de la doctrine du poing fermé, qui garde la sagesse universelle, et de la main ouverte, qui prodigue les vérités dont nous avons besoin. Une tradition rapporte que le Bouddha montra une feuille à ses disciples et leur dit que le rapport entre cette feuille et les milliers d'autres qui peuplaient les arbres de la forêt était le même que celui existant entre ce qu'il avait enseigné et ses connaissances infinies. Il suffisait au disciple de connaître le chemin de sa délivrance ; d'où la parabole de la flèche, dont nous avons parlé dans un chapitre précédent.

VII

Le Grand Véhicule

La volonté d'être loyal envers un maître, ne serait-ce qu'en citant son nom; l'avantage de donner du poids à des idées neuves en s'appuyant sur de vieux auteurs respectés; l'obscure intuition que dans tout système, seule importe la tendance générale, ont fait attribuer des doctrines secrètes à certains penseurs célèbres. On a dit d'Aristote qu'il confiait ses pensées intimes à un petit nombre d'élèves; l'après-midi, ce qu'il exposait à un groupe plus nombreux était une version populaire. La première doctrine était l'ésotérique; l'autre, l'exotérique. Il en va de même chez Pythagore et chez Platon, et aussi chez le Bouddha.

Peu avant de mourir, le Bouddha se borne à répéter à l'un de ses disciples la doctrine habituelle mais, en plus de ce qu'il a enseigné sur la terre, on lui a attribué une doctrine ésotérique prêchée par lui dans le ciel et conservée dans les archives souterraines des nagas qui la révélèrent à Nagarjuna au IIe siècle de l'ère chrétienne (150 apr. J.-C.). De cette doctrine nihiliste a surgi le Mahayana.

Le Bouddha, comme le Christ, n'a pas eu l'intention de fonder une religion. Son but a été le salut personnel d'un groupe de moines qui croyaient à la métempsycose et voulaient l'éviter. Le poète français Leconte de Lisle formula, peut-être à son insu, cette soif d'anéantissement :

« *Délivre-nous du Temps, du Nombre et de l'Espace,*
et rends-nous le repos que la vie a troublé. »

Mais la volonté de ne pas être est moins une promesse qu'une menace pour la plupart des hommes. Toute religion doit s'adapter aux besoins de ses fidèles et le bouddhisme, pour survivre, s'est résigné au cours du temps à de profondes et complexes modifications. Mahayana veut dire « Grand Véhicule »; la doctrine primitive avait reçu le nom de Petit Véhicule ou Hinayana. Ces métaphores font allusion à un incendie supposé dont une personne se sauve seule dans un petit char tiré par une chèvre, tandis qu'une autre personne en sauve une grande foule dans un énorme chariot tiré par des bœufs. Laquelle des deux est la plus méritante? La seconde, bien sûr. Le Mahayana propose à chacun de ses adeptes la possibilité, lointaine certes, d'être un Bouddha au bout d'innombrables transmigrations et de sauver un grand nombre de gens ; ce long processus offre à ses dévots la perspective d'une série de vies, dont chacune se rapproche, sans grande hâte, du *nirvana*. Grâce à cet artifice, le but final de l'anéantissement se concilie avec le désir de vivre. Le Mahayana n'exige pas de la plupart de ses fidèles une transformation immédiate des habitudes quotidiennes.

Selon certains auteurs, le schisme se serait produit dès avant le règne du fameux empereur Asoka (264-228 av. J.-C.), qui se convertit à la foi du Bouddha mais qui n'eut jamais recours aux armes pour l'imposer. Les guerres religieuses sont le privilège du judaïsme et de ses dérivés — le christianisme et l'islamisme —, qui ont hérité de lui cette méthode de conversion. En Orient, un individu peut professer à la fois diverses religions qui ne se gênent pas mutuellement et dont les cultes se côtoient.

Une des difficultés majeures pour l'exposition du Mahayana est que son mécanisme logique est extrêmement complexe et abonde en négations, affirmations, divisions et subdivisions et qu'on aboutit en fin de compte à la négation de la logique, car il est d'ordre mystique. Usant et abusant de la logique, il vient à bout de la logique.

Ces deux Véhicules ont en commun les trois caractéristiques de l'être (impermanence ou fugacité, souffrance et irréalité du Moi), les quatre nobles vérités, la transmigration, le karma et la voie moyenne. Le Mahayana se distingue par son idéalisme absolu. L'univers nous présente continuellement des formes, des couleurs, des odeurs, des sons, les sensations de la température et de l'espace, mais derrière ces apparences il n'y a rien. L'univers est une illusion : vivre c'est, très précisément, rêver. Shakespeare dira bien plus tard :

We are such stuff as dreams are made on[1]
(Tempest, IV, 1)

Berkeley et Schopenhauer ont médité à leur tour cette philosophie de caractère onirique. Le Samsara (le processus des transmigrations infinies) c'est déjà le Nirvana; nous parviendrons tous au Nirvana quand nous aurons pris conscience de cet état de l'être, et chaque brin d'herbe pourra atteindre la condition du Bouddha. Entre-temps, nous parcourrons les six possibilités de l'être, avec la certitude de parvenir à la dignité des Devas et de vivre dans des paradis.

Le but du bouddhisme primitif, qui s'adressait à un petit nombre de moines, fut l'anéantissement, la ferme volonté de ne pas se réincarner, à la mort, dans un autre corps; celui du Mahayana est de retarder ce processus dans

1. Nous sommes faits de la même matière que les rêves. (*N.d.T.*)

un monde rêvé, hallucinatoire, mais pas obligatoirement désagréable. L'idéal du Bouddha a été remplacé par celui du Bodhisattva, un homme qui se propose de devenir un Bouddha après d'innombrables réincarnations.

Le Bouddha avait exhorté ses disciples à s'efforcer de forger leur propre salut; le Mahayana, par contre, insiste sur la puissance de la grâce. Le mérite s'acquiert non seulement en empruntant l'Octuple Sentier mais aussi par l'invocation répétée du nom de Bouddha, par les offrandes, par la prière, par la fermeté dans la foi, par la méditation sur les royaumes qui seront les nôtres au cours de notre long cheminement.

Comme les gnostiques alexandrins, qui nièrent l'humanité corporelle du Christ pour ne pas lui attribuer les misères de la physiologie et déclarèrent qu'un fantôme avait été crucifié à sa place, les théologiens du Mahayana pensent que le Bouddha historique fut une projection du Bouddha céleste (Dhyam Bouddha) et que ce fut le fantôme de ce dernier qui descendit sur la terre et prêcha la Loi. Le Dhyam Bouddha serait ainsi une sorte d'archétype platonicien. Le nom du Dhyam Bouddha de Gautama est Amitabha, qui signifie « Lumière illimitée ». Chaque Dhyam Bouddha a un Bodhisattva et un Bouddha Terrestre.

Au début, les maîtres de l'Hinayana et du Mahayana vivaient et enseignaient dans les mêmes monastères. De longues discussions théologiques amenèrent des influences réciproques que nous ne pouvons plus démêler aujourd'hui, et des doctrines de transition virent ainsi le jour.

Le plus célèbre des maîtres du Mahayana, Nagarjuna le nihiliste, réunit ses prosélytes à Nalanda, dans le Sud de l'Inde; puis, comme nous le verrons, la doctrine allait se propager dans d'autres pays asiatiques.

Le Mahayana enseigne l'irréalité totale de l'univers; le Hinayana croit que les éléments, ou *skandhas,* qui composent les apparences transitoires sont réels. Pour le Mahayana, le moine et le Nirvana auquel celui-ci aspire sont également illusoires. Les adversaires rétorquent que si tout est rien, il n'y a pas Quatre Vérités, ni Octuple Sentier, ni karma, ni transmigration, ni ordre monastique, ni Bouddha; Nagarjuna leur répond à son tour qu'il y a deux vérités : l'une, conventionnelle, qui se sert des phénomènes quotidiens de la « vie réelle »; l'autre, absolue, sans laquelle le Nirvana ne peut être atteint. Il compare l'univers aux mirages, aux échos et aux rêves. Nous devons nous dépouiller de la haine et de l'amour [1], des préoccupations, de l'attache-

1. Rappelons la strophe de Fray Luis de León :

Vivir quiero conmigo,
gozar quiero del bien que debo al cielo,
a solas, sin testigo,

ment et voir les choses comme les voit le firmament, qui lui aussi est vide. Nagarjuna réduisit la Voie Moyenne aux négations suivantes : il n'y a pas d'annihilation, il n'y a pas de génération, il n'y a pas de destruction, il n'y a pas de permanence, il n'y a pas d'unité, il n'y a pas de pluralité, il n'y a pas d'entrée, il n'y a pas de sortie.

Ces deux écoles nient la causalité : un fait succède simplement à un autre sans être influencé par le fait antérieur. L'individu en tant que tel n'existe pas. Il n'y a pas une âme, mais il y a un karma, qui passe d'une transmigration à une autre.

Etant donné ce qu'était le bouddhisme, il était presque inévitable que celui-ci aboutisse au nihilisme de Nagarjuna. Il convient de citer la phrase de David Hume : « Quand je raisonne, je suis un philosophe; dans ma vie quotidienne je dois admettre qu'il y a un Moi, un monde intérieur et un monde extérieur. »

Le Hinayana affirme que dans le Nirvana disparaîtront la vue, le toucher, l'odorat, le goût

---

libre de amor, de celo,
de odio, de esperanzas, de recelo. (N.d.A.)

(Je veux vivre en moi-même,
Je veux jouir du bien que je dois au ciel,
seul, sans témoin,
libre de tout amour, de toute jalousie,
de toute haine, de toute espérance, de toute crainte.)

et l'ouïe, et il compare l'élu à une lampe éteinte. Nagarjuna déclare que ce qui n'existe pas ne peut ni disparaître ni continuer. Le Nirvana consiste à penser que rien n'existe ; le Samsara est déjà le Nirvana et s'identifie au principe absolu qu'il n'y a rien derrière les apparences. L'homme qui sait qu'il n'existe pas a atteint le Nirvana ; le vaste univers astronomique n'est pas moins irréel que cet homme. Celui qui se fond dans l'ensemble des autres êtres et de toute chose a atteint son but.

Toute possibilité de progression est niée. Dans le deuxième chapitre de son traité, Nagarjuna écrit :

> Dans ce qui a été parcouru il n'y a plus à marcher,
> Dans ce qu'il reste à parcourir il n'y a pas encore à marcher ;
> Sans ce qui a été parcouru et ce qui reste à parcourir il n'y a pas de marche possible.

Radhakrishnan traduit :

> Nous ne parcourons pas l'intervalle que nous avons déjà parcouru.
> Nous ne parcourons pas l'intervalle qu'il nous reste à parcourir.
> Un intervalle non parcouru ni à parcourir est incompréhensible.

Un raisonnement analogue conduisit Zénon d'Elée, disciple de Parménide, à nier qu'une flèche puisse atteindre son but, étant donné qu'elle est immobile à chacun des instants de son trajet et qu'une série d'immobilités, même infinie, ne sera jamais un mouvement. Quatre siècles avant le Christ, Diodore Cronos nia de même façon qu'un mur puisse être démoli : quand les briques sont jointes le mur est debout, quand elles ne le sont plus, le mur n'existe pas. De tels arguments ne sont pas de laborieuses plaisanteries : Diodore Cronos, Zénon d'Elée et Nagarjuna voulaient par là démontrer que la réalité est inconcevable et qu'elle n'est, par conséquent, qu'illusion.

Nagarjuna semble avoir été obsédé par le besoin de nier : tous ses prédécesseurs avaient réaffirmé l'omniscience du Bouddha; Nagarjuna, par contre, écrit : S'il y avait autant de Ganges qu'il y a de grains de sable dans le Gange, et encore une fois autant de Ganges que de grains de sable dans ces nouveaux Ganges, le nombre de grains de sable serait inférieur au nombre de choses qu'ignore le Bouddha. » Dans un des traités qui s'intitule *Sommet de la Sagesse,* on lit que tout, pour le sage, n'est que vacuité, n'est qu'appellation; le *Sommet de la Sagesse* aussi n'est qu'un vide, n'est qu'un nom.

Le Hinayana propose comme idéal l'Arahat, le saint, l'homme dont les actes, les paroles et les sentiments ne projettent aucun karma; l'homme qui ne se réincarne plus et qui, à sa mort, entrera dans le Nirvana. Il détient des pouvoirs magiques : il entend et comprend tous les sons de l'univers, il voit tout, se rappelle toutes ses innombrables vies antérieures. Le Grand Véhicule, par contre, propose le Bodhisattva, l'homme, l'ange ou l'animal destiné à être un Bouddha après d'innombrables siècles, après des milliers de naissances, de vies et de morts. Il doit s'exercer, à chaque étape, à la compassion; une légende affirme qu'au cours d'une de ses vies antérieures le futur Bouddha avait donné son corps à un tigre pour apaiser la faim de l'animal.

Il y a une voie intermédiaire, celle du Pratyeka Bouddha, le saint solitaire qui, sans l'aide d'aucun maître, parvient à être un Bouddha, mais qui ne peut pas communiquer son illumination. Les textes le comparent à un muet qui a fait un rêve important, ou au rhinocéros qui marche solitaire dans les forêts.

Une fois admise la croyance en de multiples Bouddhas, on se mit à les inventorier et à leur donner des noms. On en vint à admettre la coexistence d'un nombre infini de Bouddhas dans le nombre infini des mondes de l'univers. Ceux de notre planète naissent invariablement aux Indes, dans la caste des Brahmanes ou des guerriers, et obtiennent leur rédemption au pied d'un arbre sacré. Selon le monde auquel ils appartiennent, ils sont de tailles différentes et ont tous les âges. Certains sont très vieux et gigantesques, mais tous ont trente-deux stigmates et cent huit signes à chaque pied. Tous prêchent la même loi.

L'un des souhaits du Mahayana est que la fraternité règne entre tous les hommes. Le prochain Bouddha s'appellera Maitreya; il viendra au monde en l'année 4457 de l'ère chrétienne. Son nom signifie le « Compatissant », « Celui qui est plein d'amour ». Il est actuellement au ciel, mais sur la terre sont les livres sacrés qu'il a révélés. Ses images abondent; au début du VIIe siècle, le pèlerin chinois Hsuang Tsang vit, dans une vallée de l'Inde, une statue colossale sculptée dans le bois et dorée; l'artiste était monté au ciel trois fois pour étudier les traits du Rédempteur.

Les légendes picturales semblent être un aspect typique de Maitreya; Hsuang Tsang rapporte qu'on avait besoin dans un temple d'une de ses images et qu'au bout de longues années un inconnu promit de la peindre à condition qu'on lui apportât une lampe et une pelletée de terre odoriférante et qu'on refermât la porte sur lui. Plusieurs jours passèrent. Les prêtres entrèrent; l'homme avait disparu et dans le sanctuaire l'image du Bouddha était là. Un des prêtres rêva que l'homme était Maitreya.

VIII

Le lamaïsme

Le lamaïsme est une curieuse extension du Mahayana, théocratique, hiérarchique, politique, économique, sociale et démonologique. Le Bouddha avait prêché sa loi au nord de l'Inde, près du Gange; le lamaïsme atteint son apogée au Tibet, au XIVe siècle de notre ère. Son affinité avec le catholicisme a été signalée par Rhys Davids et par presque tous ceux qui ont abordé ce sujet.

Les communistes prirent le pouvoir en Chine en 1949 et ils ne tardèrent pas à occuper le Tibet; malgré le traité par lequel ils s'engageaient à respecter la tradition religieuse, ils abolirent peu à peu toutes les institutions de la vieille culture. Le Dalaï-Lama s'enfuit en Inde et fut suivi d'un grand nombre de fidèles qui constituent aujourd'hui, à Darjeeling, la seule agglomération qui conserve la foi ancienne.

Dans l'Hinayana il n'y a pas de prêtres, il y a des moines; le lamaïsme, par contre, nous montre une hiérarchie très apparente dont les deux têtes — le Dalaï-Lama ou Glorieux Roi et le Pantchen-Lama ou Glorieux Maître — ont exercé, comme les papes médiévaux, le pouvoir temporel et spirituel. Des peuples barbares comme les Tibétains et les Mongols étaient incapables de s'accommoder des Quatre Nobles Vérités et de la rigide austérité de l'Octuple Sentier; il fallut les attirer par les pompes de la liturgie, les rites complexes, la manipulation de chapelets, l'incorporation de divinités locales et des anciennes pratiques magiques qu'il était difficile sinon impossible de déraciner. Bernard Shaw a écrit que la conversion d'un Noir du Congo à la foi du Christ est la conversion de la foi du Christ en un Noir du Congo; un processus analogue permit aux Tibétains de retrouver leurs croyances aux esprits de la nature et des morts. D'ailleurs, ce syncrétisme fut facilité par le caractère magique et polythéiste du Mahayana.

Avant que le bouddhisme n'eût été remplacé par cette autre religion qu'est le communisme, une grande partie de la population tibétaine suivait la carrière monastique. Chaque famille confiait généralement un de ses enfants mâles au monastère le plus proche; le néophyte, qui était âgé de huit ou neuf ans, était instruit dans les mystères ecclésiastiques par un maître jusqu'au moment où il était admis comme novice, grade qu'il était difficile de dépasser pour devenir moine. Le quatrième degré de la hiérarchie était celui de l'Abbé et on y acquérait dignité, respect et pouvoir.

On croit que le Dalaï-Lama, en mourant, s'incarne dans un enfant, généralement d'origine modeste, et que, pour plus de commodité, il grandit dans le voisinage du monastère. Découvert par des oracles, il est installé sur le trône. La préférence donnée à l'origine modeste ne vient pas d'une superstition démocratique : elle correspond au souci d'éviter l'ingérence des familles puissantes dans les intérêts de l'ordre. On comprend ainsi que le Dalaï-Lama se trouve être, de génération en génération, toujours le même individu, lequel est à son tour la forme terrestre d'Avalokitesvara. L'invocation magique *Om mani padme hum* — Oh ! la feuille du lotus ! — adressée tout spécialement au Dalaï-Lama signifie la dissolution de celui qui meurt, représenté par la goutte de rosée sur une feuille de lotus qui se perd dans la mer.

L'ensemble des divinités qu'on adore au Tibet comprend les Bouddhas et leurs disciples illustres, les Bodhisattvas, le philosophe nihiliste Nagarjuna, et une troupe confuse de divinités mineures : les princes démoniaques à l'aspect terrifiant ; les quatre gardiens des points cardinaux ; Yama, juge des morts et seigneur des enfers, dont les emblèmes sont la tête de mort et le phallus, et les esprits qui personnifient les forces de la nature.

La propagation du bouddhisme au Tibet

représenta un progrès moral : le concept nouveau que les bonnes actions auraient leur récompense après la mort et les mauvaises leur châtiment. Plus logique que le bouddhisme orthodoxe, le lamaïsme n'admit pas la doctrine du karma et préféra celle d'une âme individuelle qui transmigre de génération en génération. Le mort peut renaître en ce monde-ci ou en un autre, ou dans l'un des enfers ou l'un des ciels.

Les démons vous guettent à tout moment et il est prudent de se munir de talismans et formules adéquates pour les mettre en fuite, marchandises que fournissent les moines. Les malades ne sont pas non plus négligés ; un moine applique la thérapeutique consistant à leur réciter les Canons Sacrés. Certaines formules, répétées indéfiniment, chassent les mauvais esprits, guérissent les malades et sont les premières clefs du paradis ; la plus accréditée est *Om mani padme hum.* La vertu de l'incantation ou *mantra* réside moins dans le sens des mots, qui appartiennent parfois à des idiomes oubliés, que dans l'ordre magique des lettres qui les composent ; que le lecteur se rappelle la kabbale des Hébreux, qui attribuait une force créatrice à chacune des lettres de l'alphabet. Il y a des lettres venimeuses, mortelles, querelleuses, embrasées, prospères, agréables, bienfaisantes, amicales, neutres, et leur savante combinaison en augmente l'effet. Il n'y a pas de démon qui ne puisse être neutralisé par un certain exorcisme du prêtre.

La formulation écrite du mantra n'est pas moins efficace que la formulation orale. On l'utilise sur les bannières qui ornent les toits des demeures et des temples, sur les vêtements et sur des amulettes ; le malade qui cherche à guérir en fait un des constituants de son régime.

L'emploi de cylindres manuels pleins de mantras est d'usage courant ; chaque mise en marche ou rotation équivaut à une prière ou à une accumulation de grâces. Il convient de renforcer ces grâces-là par des donations aux temples ; au son de musiques rituelles et avec un accompagnement de danses quand le montant en est jugé digne. Les riches offrent des bijoux et des métaux précieux ; les pauvres, du saindoux. Les démons les plus dangereux n'acceptent les dons qu'après le coucher du soleil.

Le pouvoir des lamas était considérable et s'étendait autant sur le temporel que sur le spirituel, disposant de la production entière du pays, de la bonne exécution des lois avec droit de vie ou de mort, du destin des habitants dans le présent comme dans leurs vies futures.

A la différence de Swedenborg, le lamaïsme, comme la doctrine chrétienne, accorde une importance décisive à l'heure de l'agonie. Quand cette heure a sonné, ou même après la mort, un prêtre lit au moribond, ou au cadavre, le livre qui s'appelle *Bardo-Thödol* ou *Libération par l'oreille,* qui contient une série d'instructions pour le voyageur qui s'aventure dans les royaumes de la mort. Une fois le cadavre enterré, la cérémonie continue ; elle durera quarante-neuf jours et on l'exécute devant une effigie du défunt. L'effigie est ensuite brûlée.

Après la mort physique, la première étape ou premier *bardo* est un profond sommeil qui dure quatre jours ; ensuite surgit une lumière resplendissante qui éblouit l'âme qui alors seulement sait qu'elle est morte. Si elle a déjà obtenu son salut, cette lumineuse étape est la dernière ; le prêtre exhorte ainsi le défunt : « Ta propre intelligence, qui maintenant est le Vide, que tu ne dois pas considérer comme le Vide du Néant, mais comme l'intelligence même, sans entrave, resplendissante, vibrante et heureuse, *est* la conscience, le Bouddha parfait. » Puis il lui conseille de méditer sur sa divinité tutélaire, comme s'il était le reflet de la lune sur l'eau, visible mais inexistant.

Si elle est indigne de cette lumière, l'âme se retire et entre dans le deuxième *bardo.* Le mort voit qu'on lui ôte ses vêtements, qu'on balaie la pièce et il entend les lamentations des siens mais ne peut leur répondre. Dans cet état, il a des visions : apparaissent d'abord des divinités bienveillantes, puis des divinités malveillantes aux formes monstrueuses. Le prêtre le prévient que de telles formes sont des représentations de sa propre conscience et qu'elles n'ont aucune réalité objective. Pendant sept jours il verra sept divinités pacifiques, qui irradient chacune une lumière de couleur différente ; il voit en même temps d'autres lumières qui correspondent aux mondes dans lesquels l'âme peut se réincarner, y compris le monde des hommes. Le moine l'invite à choisir chaque fois la lumière de la divinité et à repousser celles qui l'incitent à continuer le Samsara ; bien entendu les divinités et les lumières émanent du sujet lui-même et du karma qu'il a accumulé. A partir du huitième jour se présentent les divinités malveillantes, qui sont les mêmes que les précédentes mais vues sous un autre aspect. La première a trois têtes, six mains, quatre pieds ; elle est enveloppée de flammes, parée de crânes humains et de serpents noirs ; ses mains droites brandissent une épée, une hache et une roue ; ses mains gauches une cloche, un soc de charrue et une tête de mort dans laquelle elle boit du sang.

Le quatorzième jour apparaissent les quatre gardiennes des quatre points cardinaux avec leurs têtes de tigre, de porc, de serpent et de lion ; du nord, du sud, de l'est et de l'ouest apparaîtront ensuite d'autres divinités aux formes d'animaux. Toutes ces formes sont gigantesques.

Puis, devant le Seigneur de la Mort, l'âme est enfin jugée. Chaque homme est né avec un génie tutélaire et un génie malfaisant ; le premier fait le compte des bonnes actions avec des cailloux blancs ; le second compte les mauvaises avec des cailloux noirs. L'âme cherche en vain à mentir ; le juge consulte le Miroir du Karma qui fait revivre tout le déroulement de sa vie. Le Seigneur de la Mort est la conscience ; le Miroir du Karma, la mémoire.

Ayant compris le caractère hallucinatoire de tout ce long processus, le mort sait alors quelle sera sa prochaine réincarnation. Ceux qui parviennent au Nirvana ont déjà franchi les étapes initiales. Le lecteur curieux qui voudrait suivre dans son détail le long cheminement de l'âme peut consulter *The Tibetan Book of the Dead* de W. Y. Evans-Wentz, qui comporte un prologue de Jung. Le titre du livre est inspiré du *Livre des morts* égyptien. Un autre texte mystique tibétain, de lecture plus facile, est le poème qui s'intitule *La loi du Bouddha parmi les oiseaux, guirlande précieuse.*

L'idée d'une assemblée d'oiseaux (peut-être suggérée par le concert simultané des oiseaux aux crépuscules du soir et du matin) figure dans les littératures de la Grèce, de la Perse, de l'Angleterre et de l'Hindoustan. La tradition rapporte que le Bouddha prêcha sa loi aux dieux, aux serpents, aux démons, aux hommes, dans toutes les langues de l'univers ; dans le poème en question, un Bodhisattva, Avalokitesvara, se transforme magiquement en un coucou et prêche aux oiseaux du Tibet et de l'Inde. Le vautour, la grue, l'oie, la colombe, le geai, la chouette, le coq, l'alouette, la grive, la crécerelle et le paon proclament l'amertume et l'incertitude de toute vie. Le coucou, à la demande du perroquet, « habile dans l'art de la parole », leur répète qu'il n'y a rien dans l'univers qui ne soit précaire et illusoire. Les palais de pierre sont bâtis sur du vent; les réunions d'amis et de parents sont comme des réunions de voyageurs qui partagent le pain avec des inconnus; les corps sont éphémères comme des nuages; le plumage irisé du paon est comme l'écume que disperse le vent; naître et mourir c'est rêver qu'on naît et qu'on meurt; les Bouddhas qui rachètent l'univers sont les Bouddhas d'un rêve. Les oiseaux, édifiés par ce prêche, promettent de réformer leurs habitudes, sauf le milan et le corbeau qui sont endurcis dans le mal.

Dans une des strophes, le coq dit :

> Tant que vous vivrez dans ce monde du Samsara, vous n'aurez pas de bonheur durable.
> L'accomplissement des tâches terrestres est sans fin.
> Dans la chair et le sang tout est éphémère.
> Mara, Seigneur de la Mort, n'est jamais absent.
> L'homme le plus riche s'en va seul.
> Nous sommes obligés de perdre ceux que nous aimons.
> Où que vous regardiez, il n'y a rien qui puisse durer.
> Me comprenez-vous?

François d'Assise, lui aussi, prêcha aux oiseaux, mais il se borna à leur rappeler la reconnaissance qu'ils devaient au Seigneur qui leur avait donné « vêtement double et triple et liberté d'aller de tous côtés ».

IX

Le bouddhisme en Chine

L'histoire du bouddhisme dans le Céleste Empire est des plus complexes. Même la date de son introduction est incertaine. Une légende la place au premier siècle de l'ère chrétienne : l'empereur Ming-ti aurait rêvé d'un personnage étincelant revêtu d'or en qui il crut reconnaître le Bouddha; il envoya des émissaires en Inde qui en ramenèrent des moines pour prêcher sa doctrine. Selon d'autres versions, la doctrine du Bouddha était déjà connue en Chine trois siècles auparavant et serait venue du nord de l'Inde en traversant l'Asie centrale.

En Chine, le bouddhisme eut à affronter une culture séculaire qui avait pris fermement racine dans les livres canoniques de Confucius et dans le taoïsme fondé par le contemporain de ce dernier, Lao Tseu.

L'un et l'autre datent du VIe siècle avant notre ère. Le confucianisme est moins une religion qu'un système éthique et social; le taoïsme enseigne, comme le bouddhisme, l'irréalité de l'univers. La parabole de Chuang-Tzu, un autre maître du taoïsme, est célèbre : « Chuang-Tzu rêva qu'il était un papillon et il ne savait plus, à son réveil, s'il était un homme qui avait rêvé qu'il était un papillon ou un papillon qui rêvait en ce moment même qu'il était un homme. »

Malgré tant d'obstacles, la foi bouddhiste atteint son apogée au VIe siècle de l'ère chrétienne; les textes palis du *Tripitaka* furent traduits et de nombreux missionnaires vinrent de l'Hindoustan. Quand en l'an 526 le patriarche Bodhidharma arriva en Chine, l'empereur se vanta des nombreux monastères qu'il avait fondés et du nombre croissant des moines; Bodhidharma lui dit que de telles choses appartenaient au monde des apparences et qu'il n'avait gagné aucun mérite à cela. Puis il se retira pour méditer. Selon une légende, il passa neuf années en silence devant un mur, sur lequel resta gravée son image. Il fonda la secte de la méditation (Ch'an) qui, au Japon, allait donner naissance au bouddhisme zen.

Le bouddhisme chinois dut admettre le culte des ancêtres et la mythologie dans laquelle avait dégénéré le taoïsme. Les Chinois ont toujours eu le culte de la famille et le caractère monacal du bouddhisme ne pouvait les attirer; pour la plupart des fidèles, les moines étaient « les bourdons de la ruche, moins utiles que le ver à soie ». Ces insectes, cependant, étaient les seuls intermédiaires entre le peuple et les dieux redoutés, et leurs bons offices ne furent pas gratuits.

Les moines étaient, la plupart du temps, des gens ignorants recrutés parmi les paysans et aucune instruction générale ne leur était dispensée dans leurs monastères. Parfois, des familles très pauvres vendaient leurs fils en bas âge pour en faire de futurs novices. Dans un pays où la culture classique était une condition indispensable pour s'ouvrir un chemin dans la vie, le bouddhisme ne pouvait jouir d'aucun prestige auprès des classes cultivées. Son origine étrangère et l'impossibilité de le rattacher à la tradition chinoise lui firent également du tort. Il marqua néanmoins les coutumes, la littérature et les arts plastiques du pays.

Il y eut des sectes qui vénérèrent les diverses formes du Bouddha; un des faits les plus étranges est la transformation d'Avalokitesvara en la déesse de la miséricorde, Kuan Yin, dont on retrouve souvent l'image dans l'iconographie chinoise.

En Orient, une religion n'est jamais incompatible avec d'autres; certaines sectes, comme on l'a vu, incorporèrent au bouddhisme des éléments du taoïsme et du confucianisme. La mentalité chinoise est hospitalière; on construisit des temples qui hébergeaient impartialement les trois religions.

Un des contes bouddhistes chinois les plus populaires, intitulé *Voyage à l'Ouest*, narre les aventures fantastiques d'un singe, d'un cheval et d'un porc en pèlerinage en Inde à la recherche de livres sacrés. La date de sa composition est incertaine, mais nous pourrions la situer au XVIe siècle. Le singe symbolise l'intelligence; le cheval, l'esprit, et le porc, le monde des sens. A leur retour, ils découvrent que les textes sont en blanc, soit parce qu'on les a trompés, soit parce que la Vérité est incommunicable et ne peut être fixée dans des mots.

Voici le résumé d'un épisode de la version anglaise de Waley, intitulée *Monkey* :

Le Bouddha dit au Singe : « Faisons un pari. Si d'un saut tu peux sortir de la paume de ma main, je te donnerai le trône qu'occupe en ce moment l'Empereur de Jade. »

Le Singe fit un grand bond et on le perdit de vue. Il parvint à un endroit où s'élevaient cinq piliers roses et il pensa qu'il était arrivé aux confins de l'univers. Il s'arracha un poil, en fit un pinceau et écrivit au bas du pilier central : *Le Grand Sage, Celui dont la connaissance est aussi vaste que le Ciel, est parvenu jusqu'ici*. D'un autre bond il revint à son point de départ et dit au Bouddha : « Je suis parti et revenu; tu peux donc me donner le trône. »

Le Bouddha répondit : « Tu n'es pas sorti de la paume de ma main. Regarde-la bien. »

Le Singe baissa les yeux et lut à la base du doigt majeur les mots suivants : « Le Grand Sage, Celui dont la connaissance est aussi vaste que le Ciel, est parvenu jusqu'ici. »

X

Le bouddhisme tantrique

Il ne faut pas oublier, quand on étudie le bouddhisme tantrique ou magique, que la croyance en la magie est très courante en Orient et particulièrement en Inde. Les sorciers abondent dans ce pays : le voyageur contemporain croit voir un homme qui lance une corde en l'air et se met à y grimper, mais la photographie prouve qu'il s'agit d'une hallucination provoquée par le mage.

Les dates du bouddhisme tantrique ne sont pas précises, mais nous savons que celui-ci se divise en deux écoles, celle de la Main Gauche et celle de la Main Droite : celle-ci accorde une plus grande importance au principe masculin de l'univers, l'autre au principe féminin. Les Chinois combinèrent les deux en représentant chacune d'elles par un cercle magique ou *mandala ;* le premier symbolise le tonnerre et le second la matrice, mais on suppose qu'ils sont essentiellement identiques et qu'ils représentent les deux aspects de la réalité suprême. Les deux écoles rejettent les rigueurs de l'ascétisme et cherchent le salut à travers la pleine jouissance des sens, affirmant que la prospérité sur terre n'est pas un obstacle au salut des hommes.

La littérature du tantrisme, les *Tantras*, comporte des hymnes, des invocations, des traités et des descriptions d'êtres mythiques, qui personnifient les forces spirituelles ou magiques qui servent à gravir les degrés du salut. Bien entendu, les dieux font partie du Samsara, mais ils sont plus propres à la méditation que ne l'est le monde physique.

Le bouddhisme tantrique croit que l'illumination ne peut s'obtenir qu'au moyen d'une doctrine ésotérique que le maître, le *guru*, enseigne oralement au disciple, le *chela*, et que nous ne pouvons trouver dans les écritures sacrées. Les exercices relèvent de trois méthodes : la répétition de formules, les gestes et danses rituelles et la méditation qui nous identifie à des divinités déterminées.

Pour l'Occident, ce qui est fondamental dans les choses, c'est ce que nous touchons et ce que nous voyons ; pour l'Orient, ce que nous entendons n'est pas moins important. Chaque parole est faite de syllabes, et le son de chaque syllabe correspond à une divinité qu'on peut évoquer en répétant la syllabe un certain nombre de fois. Ces divinités, dont le nombre et le nom sont déterminés, sont créées dans chaque cas, par le mot de celui qui prie. L'idée d'un dieu engendré par la prière court le risque de nous paraître blasphématoire, mais il ne faut pas oublier que les dieux, comme les hommes et les choses, appartiennent au monde des apparences. Pour venir en aide à l'imagination il existe une tradition picturale : certains mandalas représentent les divinités et d'autres sont des symboles des Bouddhas ou de l'univers. L'initié s'identifie à la déité créée par l'invocation et acquiert ses pouvoirs. Nous lisons dans un texte sacré : « Celui qui adore, celui qui est adoré, et la prière sont une seule et même chose. »

Pour la philosophie tantrique, le monde est constitué de six éléments : la terre, l'eau, l'air, le feu, l'espace et la conscience. La somme de ces éléments constitue le corps cosmique du Bouddha, dont l'univers, et chacun de nous inclus, n'est autre chose qu'un reflet. Les fonctions, physiques et spirituelles, qu'accomplissent les organismes sont celles du corps cosmique omniprésent. Le dévot, grâce à l'exécution d'actes sacrés, s'adapte à ces énergies éternelles et les utilise à ses propres fins qui ne doivent pas être égoïstes. Cette philosophie et les diverses et complexes mythologies qui en dérivent, atteignirent leur point culminant vers le Xe siècle, dans un système monothéiste qui fit du Bouddha un dieu créateur; il est évident qu'un tel système n'a plus grand-chose de commun avec le bouddhisme initial dont le but essentiel était le Nirvana et qui se refusait à toute spéculation métaphysique. Souvenons-nous des mots de Bernard Shaw (*The Religious Speeches of Bernard Shaw*, 1965, p. 77) sur l'Elan Vital : « Cette force est continuellement occupée à essayer d'augmenter son propre pouvoir. En créant chez nous des membres et des organes, elle les crée pour elle-même et elle cherche sans cesse à arriver à sa plus grande perfection. Si elle continue, et persiste sans rencontrer trop d'obstacles, elle finira par obtenir quelque chose qui nous paraîtrait aujourd'hui être l'omniscience et la toute-puissance. C'est Dieu en train de se faire. »

Des deux Tantras, celui de la Main Gauche est le plus important. Voici ses aspects fondamentaux : le culte des divinités féminines ou *shaktis*, qui transmettent leur vertu aux dieux et sont leurs épouses ; l'existence d'innombrables démons et l'exécution de rites funéraires compliqués ; l'idée que l'acte sexuel est un des moyens de faire son salut.

L'adoration des *shaktis* porta à croire qu'une femme peut atteindre le Nirvana sans qu'il lui faille se réincarner dans un homme, comme l'affirment les orthodoxes. La sagesse fut conçue comme une déesse ; l'origine de cette divinité vient peut-être du sud de l'Inde, dont la culture primitive était matriarcale. La Réalité Suprême serait l'union du principe masculin, actif, et du principe féminin, passif ; l'art pictural de la secte a coutume de représenter tout bonnement l'étreinte de leurs dieux comme symbole de félicité absolue. Chez nous aussi, la poésie mystique — pensons à saint Jean de la Croix et à John Donne — a recours à des images évoquant la possession physique pour exprimer l'extase.

Les gnostiques d'Alexandrie enseignaient que, pour se délivrer d'un péché, il est nécessaire de l'avoir commis; de façon analogue le bouddhisme tantrique de la Main Gauche conseille aussi bien la pratique des actes les plus dispensateurs de plaisir que celle des actes les plus répugnants : par exemple de se nourrir de viande d'éléphant, de cheval ou de chien, assaisonnée d'urine.

Le Tantra de la Main Droite déclare que nous devons sublimer nos passions pour qu'elles puissent être le véhicule du salut; celui de la Main Gauche, par contre, estime que cette sublimation est inutile.

XI

Le bouddhisme zen

Comme on le sait, le bouddhisme prit racine au Népal et passa ensuite en Indochine et en Chine grâce à différents missionnaires dont le plus célèbre fut Bodhidharma, le Premier Patriarche, au début du VIe siècle de notre ère. On raconte que Shen-Kuan, disciple et successeur du Patriarche, ne comprit pas d'abord une doctrine dont la révélation lui était refusée par ce dernier. Pour témoigner de la sincérité de sa foi, Shen-Kuan se coupa le bras gauche; Bodhidharma, rompant un silence de plusieurs années, lui demanda ce qu'il désirait. Shen-Kuan lui répondit : « Il n'y a pas de tranquillité dans mon esprit; fais-moi la grâce de l'apaiser. » Bodhidharma lui dit : « Montre-moi ton esprit et je te donnerai la paix », à quoi le disciple répondit : « Quand je cherche mon esprit, je ne le trouve pas. — Bien, dit Bodhidharma, te voilà en paix. » Shen-Kuan, alors, eut une soudaine révélation : il comprit la Vérité.

Cette anecdote, peut-être la moins obscure de

celles que nous citerons, serait le premier exemple d'intuition instantanée qu'on appelle au Japon *satori;* elle équivaut à ce que nous sentons en trouvant soudain la réponse à une énigme, la drôlerie d'une plaisanterie ou la solution d'un problème.

Une des sectes chinoises fut celle de Ch'an (méditation), qui passa au VIe siècle au Japon, où elle prit le nom de Zen.

Nos habitudes mentales obéissent aux concepts de sujet et d'objet, de cause et d'effet, de probable et d'improbable et à d'autres schémas d'ordre logique qui nous paraissent évidents; une méditation, qui peut durer de longues années, nous délivre de ces schémas et nous prépare à cette illumination soudaine : le *satori.*

Mettre en doute le langage, les sensations, la réalité de son propre passé et de celui d'autrui, et même l'existence du Bouddha, sont quelques-unes des disciplines que doit s'imposer l'adepte. Dans certains monastères, les images du Maître servent à alimenter le feu; les écritures saintes ont une fin des plus malpropres. Tout ceci peut être rapproché de la sentence biblique : *La lettre tue, mais l'esprit vivifie* (Cor. 3-8).

Pour provoquer le *satori,* la méthode la plus courante est l'emploi du *koan,* qui consiste à poser une question et lui faire une réponse qui s'écarte des lois de la logique.

L'exemple classique est attribué à divers maîtres. A l'un d'eux on demanda : « Qu'est-ce que le Bouddha? »; il répondit : « Trois livres de lin. » Les commentateurs font remarquer que la réponse n'est pas symbolique. On demanda à un autre : « Pourquoi le Premier Patriarche vint-il de l'ouest? »; la réponse fut : « Le cyprès dans le jardin. »

Les disciples de Po-Chang furent si nombreux qu'il dut fonder un autre monastère. Pour trouver qui mettre à la tête, il les réunit tous, leur montra une cruche et leur dit : « Sans employer le mot cruche, dites-moi ce que c'est. » Le prieur répondit : « Ce n'est pas un morceau de bois. » Le cuisinier, qui regagnait sa cuisine, donna un coup de pied dans la cruche et passa son chemin. C'est à lui que Po-Chang confia le monastère.

Plus intéressante sans doute est l'histoire de Toyo, qui à l'âge de douze ans, voulut recevoir l'enseignement du maître Mokurai. Celui-ci commence par le renvoyer étant donné son jeune âge; l'enfant insiste et Mokurai lui dit : « Tu peux entendre le bruit de deux mains qui applaudissent. Montre-moi maintenant comment applaudit une seule main. » Toyo se retira dans sa chambre et, tout en méditant, il entend la musique de ses voisines les geishas. « J'ai trouvé! » pensa-t-il. Le lendemain, quand son maître l'interroge, Toyo lui chante la musique des geishas. « Non, lui dit le maître, ce n'est pas là le bruit d'une main. » Toyo cherche un endroit plus tranquille et il entend de l'eau qui s'égoutte. « J'ai trouvé! » pense-t-il. Le lendemain, il imite devant Mokurai le bruit de l'eau; Mokurai lui dit : « Ceci ressemble au bruit de l'eau, mais non à l'applaudissement d'une main. Essaye une fois encore. »

Mokurai écoute et refuse le sifflement du vent, le cri de la chouette, le chant des grillons et bien d'autres bruits. Pendant une année, Toyo réfléchit à ce que peut être le bruit d'une seule main qui applaudit. Il finit par aller trouver son maître et lui dit : « Je suis fatigué d'écouter et d'imiter et j'en suis arrivé au son qui n'a pas de son. » Le maître lui répond : « Tu as trouvé. »

Pour provoquer le satori certains maîtres remplacent le koan par des moyens plus violents. A une demande de son disciple au sujet du voyage de Bodhidharma, Ma-Tsu l'envoie au sol d'un coup de pied. Le néophyte se met à rire et s'écrie : « Innombrables sont les vérités enseignées par les Bouddhas. Il n'y en a plus une seule maintenant que je ne comprenne avec toutes les autres. » D'autres maîtres avaient recours au cri, à la gifle ou à diverses autres formes de violence physique. Il y a des exemples moins excessifs. Te-Shan, avant sa révélation, avait choisi pour maître Ch'ung-Hsin. Il alla loger dans son monastère; un soir qu'il méditait assis, Ch'ung-Hsin lui demanda : « Pourquoi n'entres-tu pas ? » Te-Shan répondit : « Il fait sombre. » Le maître revint avec une bougie allumée et quand le disciple voulut la prendre, il la souffla ; Te-Shan comprit immédiatement la Vérité.

Si on compare la mystique chrétienne ou islamique à celle du bouddhisme, on notera entre elles les affinités suivantes : *a*) le mépris des schémas rationnels lorsqu'ils ne sont que des moyens ; personne ne pense que les nombreux volumes de la *Somme Théologique* puissent être l'équivalent de l'expérience de la Vérité ; *b*) la perception intuitive, différente de celle que peuvent fournir les sens ; *c*) la connaissance absolue, qui nous donne une certitude complète, que l'exercice de la logique ne peut réfuter ; celui qui la possède peut se passer de prémisses et de conclusions. Une fois maître de la vérité, le mystique s'aperçoit que l'opposition des contraires se fond d'une certaine façon dans une réalité supérieure ; il est donc aussi au-delà des valeurs de la morale courante. Quand saint Augustin écrivit : *Aime et fais ce qu'il te plaît,* peut-être voulut-il dire que l'homme qui est parvenu à l'amour divin est incapable de mal agir ; *d*) l'annihilation du Moi. Notre vie passée est absorbée dans le grand Tout ; la paix et le soulagement en sont la récompense immédiate ; *e*) la vision du multiple univers transformé en une unité[1]; *f*) une sensation de félicité complète.

Si nous considérons maintenant les traits qui les différencient, nous voyons que le bouddhisme se passe de toute relation personnelle avec un dieu, car c'est une doctrine essentiellement athée où il n'y a ni croyant ni déité. A l'inverse de ce qui marque le judaïsme et ses dérivations, le christianisme et l'islamisme, on note également l'absence de ces concepts pathétiques de faute, de repentir et de pardon. On n'atteint pas le satori par l'adoration, la crainte, la foi, l'amour de Dieu ou la pénitence; il s'agit ici d'une discipline qui ne vise que la paix et élimine les émotions. Le maître Te-Shan ne pria jamais, ne demanda jamais le pardon de ses fautes, ne vénéra jamais l'image du Bouddha, ne lut jamais les écritures et ne brûla jamais d'encens. De tels actes étaient, à son avis, d'inutiles formalités; seule l'intéressait l'incessante et l'intense quête mystique.

Tai-Hui compare le satori à un incendie sur le point de nous consumer, ou bien à une épée nue qui peut nous tuer. L'univers entier est un koan vivant et menaçant que nous devons

1. Rappelons-nous les vers de Blake : *To see a World in a grain of sand, / and a Heaven in a wild flower, / hold Infinity in the palm of your hand / and Eternity in an hour.* (*N.d.A.*) (Dans un grain de sable voir un monde / et dans chaque fleur des champs le Paradis, / faire tenir l'Infini dans la paume de la main / et l'Eternite dans une heure.)

résoudre et dont la solution implique celle de tous les autres. Inversement, chacune des parties contient le tout (c'est ce qui se passe avec les nombres transcendants étudiés par Cantor, dont chaque série a le même nombre que le total); il suffit d'en comprendre une pour comprendre l'univers.

La compréhension intellectuelle de la doctrine du Bouddha n'est pas importante; l'essentiel est une illumination intime, qui semble correspondre à l'extase. Souvenons-nous de la parabole hindoue du voyageur qui parcourt en été un désert et qui, croisant un autre voyageur, lui dit qu'il est mort de fatigue et de soif, et qu'il est à la recherche d'une source. L'autre lui indique le chemin. Cette indication n'apaisera pas sa soif et ne soulagera pas sa fatigue; il faut pour cela que le voyageur parvienne lui-même à la source. Le désert est la naissance et la mort; le premier voyageur est tout être vivant; le second est le Bouddha; la source est le Nirvana. Comme tous les mystiques, le bouddhiste met en doute la valeur du langage et des raisonnements. Rappelons la parabole de la flèche, exposée par Gautama lui-même; le Zen a repris cette tradition et fait passer le satori avant les rites, l'érudition et la discussion philosophique. Le satori est donc le principe et la fin du Zen; on l'a comparé à une fleur qui s'ouvre et s'épanouit d'un seul coup.

Le Zen a influé et continue d'influer sur la

vie quotidienne des communautés qui le professent. Les divers arts — l'architecture, la poésie, le dessin, la peinture, la calligraphie — témoignent de cette influence. Omettre délibérément et s'en tenir à suggérer en sont les caractéristiques essentielles; rappelons-nous les dessins laconiques et les brèves strophes des *tanka* et des *hai-ku*. Voici quelques exemples de ces derniers :

Plus fugace que l'éclat d'une feuille emportée par le vent, cette chose, la vie.

L'épouse sans enfants, avec quelle tendresse ne touche-t-elle pas les poupées du magasin?

Prunier sur la berge : l'eau emporte-t-elle vraiment tes fleurs reflétées?

Sur les marches du temple, je tends vers la lune d'automne mon vrai visage.

De même, le difficile apprentissage dans l'art du maniement de l'épée et de l'arc n'est pas non plus une fin en soi, mais un exercice spirituel : le maître décoche la flèche dans l'obscurité et atteint le cœur de la cible, mais cela est moins important que la discipline mentale qui a précédé l'exploit.

L'ikebana, dont le sens littéral est l'immersion de plantes vivantes dans l'eau, coïncide avec l'introduction du bouddhisme; cette pratique fut, à l'origine, rituelle et monastique, et elle se généralisa par la suite. Il n'y a pas de maison japonaise où l'on ne dispose des fleurs ou des branches dans le *tokonoma,* niche murale qui tient lieu de sanctuaire et qu'on montre toujours aux hôtes de passage. La pratique de l'ikebana exige une grande concentration d'esprit, non seulement au moment du choix des fleurs, mais encore dans la disposition des éléments qui le composent, et qui doit suivre le schéma, toujours asymétrique, formé par les trois lignes qui symbolisent le ciel, la terre et l'homme. La réussite esthétique vient par surcroît; ce qui est fondamental c'est le sentiment religieux de celui qui a créé et de celui qui contemple l'œuvre. Il est fréquent qu'on s'incline devant la composition, avant et après l'avoir admirée.

Les jardins du Japon sont célèbres; beaucoup sont conçus comme des tableaux, ils ne sont habituellement pas très grands et l'on cherche dans leur composition à imiter la nature, en évitant la symétrie et les couleurs vives. L'eau, si elle fait défaut, est simulée par du sable; les rochers et les arbustes aux formes harmonieuses y abondent. Le plus célèbre des jardins de ce type est celui de Ryoan-Ji, à Kyoto; il mesure trente mètres de long sur dix de large et comporte quinze rochers, des grands et des petits, disposés en cinq groupes diversement ordonnés et asymétriquement distribués. Il date du début du XVIe siècle et on le considère comme la quintessence de l'art zen.

Caractéristique du Zen est aussi la cérémonie du thé, qui se déroule dans des pavillons destinés à cette fin ou dans des demeures familiales. Le caractère religieux de ce rite se reconnaît à la digne lenteur de l'officiant, à la parcimonie des propos échangés, à l'attitude respectueuse des commensaux, à la beauté et à la propreté des objets utilisés. Dans le Zen, l'exécution des actes les plus ordinaires peut être accompagnée d'un sentiment religieux et doit rendre notre vie plus belle.

XII

Le bouddhisme et l'éthique

Il y a deux mille cinq cents ans que la prédication d'un prince peu important du Népal a marqué d'innombrables générations d'Orientaux; il n'a fomenté aucune guerre et il a enseigné aux hommes la sérénité et la tolérance. Citons quelques textes des livres canoniques :

« La haine ne peut jamais arrêter la haine; seul l'amour peut arrêter la haine; cette loi est ancienne. »

« Si dans la bataille un homme vainquait mille hommes, et si un autre se vainquait lui-même, le plus grand vainqueur serait le second. »

« Aucun feu ne peut égaler la passion; aucun mal ne peut égaler la haine; aucune souffrance n'est comparable à celle que dispense cette vie charnelle; il n'y a pas de bonheur plus grand que la paix. »

« Dans ce monde-ci, le bonheur provient de la bonté du cœur, d'une conduite modérée envers tous les êtres. Dans ce monde-ci le bonheur provient de l'absence des passions et de la maîtrise des désirs. Mais c'est en venant à bout de l'égoïsme qu'on atteint vraiment le bonheur suprême. »

« Le bonheur appartient à celui qui ne possède rien, qui a compris la doctrine et est parvenu à la connaissance. Vois combien souffre celui qui possède quelque chose. L'homme est enchaîné à l'homme. »

« Les peines, les lamentations, les souffrances de toutes sortes qui existent dans ce monde sont causées par ce à quoi on est attaché. Ne sont donc heureux et libres de toute peine que ceux qui, dans ce monde, ne sont attachés à rien. Si tu aspires à être libre de toute peine et de toute passion, ne t'attache à rien en aucun lieu de ce monde. »

« Les dieux ne peuvent atteindre du regard l'homme dont le cœur est inaccessible à la colère, qui est au-delà de toute forme d'existence ou d'inexistence, dont les craintes ont disparu, qui vit heureux et délivré de toute inquiétude. »

Un jour que le Bouddha se trouvait dans un bois, le fils unique d'un dévot laïque vint à mourir. Le lendemain matin, les membres de la famille s'en vinrent le trouver, leurs vêtements et leurs cheveux encore humides du bain rituel. Le Bouddha leur demanda pourquoi ils se présentaient ainsi et le père dit : « Seigneur, mon fils unique, un enfant charmant et très aimé, est mort. » Le Bouddha dit alors : « Les dieux et la majorité des hommes, attachés à jouir de tout ce qui a une apparence agréable, promis à la souffrance et au vieillissement, tombent au pouvoir du Roi de la Mort; mais ceux qui, le jour comme la nuit, attentifs et vigilants, restent indifférents à tout ce qui a une apparence agréable, ceux-là extirpent tout entière la racine de la souffrance, l'appeau de la mort auquel il est si difficile de ne pas se laisser prendre. »

Un insensé comprit que le Bouddha prêchait que nous devions rendre le bien pour le mal. Il alla donc le trouver et l'injuria. Le Bouddha garda le silence. Quand l'autre eut fini de l'insulter, il lui demanda : « Mon fils, si un homme refusait un présent, à qui appartiendrait le présent? » L'autre répondit : « A celui qui voulut l'offrir. — Mon fils, répliqua le Bouddha, tu m'as insulté, mais je refuse ton insulte et celle-ci te revient. Ne va-t-elle pas être une source d'infortune pour toi? » L'insensé s'éloigna tout penaud, mais il revint se réfugier dans le sein du Bouddha.

Sona, disciple du Bouddha, fatigué des rigueurs de l'ascétisme, reprit le cours d'une vie de plaisirs. Le Bouddha lui dit : « N'étais-tu pas habile autrefois dans l'art du luth ?

— Oui, Seigneur, dit Sona.

— Si les cordes sont trop tendues, le luth donnera-t-il le ton juste ?

— Non, Seigneur.

— Si elles sont trop relâchées, le luth donnera-t-il le ton juste ?

— Non, Seigneur.

— Si elles ne sont ni trop tendues ni trop relâchées, se prêteront-elles à ce qu'on en joue ?

— Parfaitement, Seigneur.

— De même, Sona, les forces de l'âme trop tendues tombent dans l'excès, et trop relâchées, dans la mollesse. Ainsi donc, ô Sona, fais en sorte que ton esprit soit un luth bien accordé. »

Une rivière séparait deux royaumes ; les paysans l'utilisaient pour arroser leurs champs, quand survint une année de sécheresse où il n'y eut plus suffisamment d'eau pour tous. Ils se battirent d'abord à coups de poing, puis les rois envoyèrent des troupes pour protéger leurs sujets. La guerre était imminente ; le Bouddha se dirigea vers la frontière où campaient les deux armées.

« Dites-moi, commença-t-il en s'adressant aux

deux rois, qu'est-ce qui a le plus de prix : l'eau de la rivière ou le sang de vos peuples?

— Le sang de ces hommes sans aucun doute, répondirent les rois, a plus de prix que l'eau de la rivière.

— O rois insensés, dit le Bouddha, qui allez perdre ce qui a le plus de prix pour gagner ce qui vaut beaucoup moins! Si vous livrez bataille, vous allez répandre le sang de votre peuple et nous n'aurez pas augmenté d'une seule goutte d'eau le cours de la rivière. »

Les rois, confus, décidèrent de se mettre d'accord de façon pacifique et de partager l'eau. Peu après vinrent les pluies et tout le monde put arroser.

BIBLIOGRAPHIE

Pour la rédaction de ce livre nous avons consulté, entre autres, les ouvrages suivants :

BENOIT, HUBERT, *La Doctrine suprême*. Paris, 1951.

BESWICK, ETHEL, *Jataka tales*. Londres, 1956.

BREWSTER, E. H., *The Life of Gotama the Buddha*. Londres, 1956.

CONZE, EDWARD, *Buddhism. Its Essence and Development*. Oxford, 1951.

DAVID-NEEL, ALEXANDRA, *Le Bouddhisme*. Monaco, 1936.

DAVID-NEEL, ALEXANDRA, *Misticos y magos del Tibet*. Madrid, 1968.

DRAGONETTI, CARMEN, *La Palabra del Buda*. Barcelone, 1971.

EVANS-WENTZ, W. Y., *The Tibetan Book of the Dead*. Oxford, 1957.

FATONE, VICENTE, *El Budismo Nihilista*. Buenos Aires, 1962.

FOUCHER, ALFRED, *La Vie du Bouddha*. Paris, 1949.

FOUCHER, ALFRED, *Las Vidas Anteriores de Buda*. Madrid, 1959.

FUSSELL, RONALD, *The Buddha and his Path to Self-Enlightement*. Londres, 1955.

GRIMM, GEORG, *Die Lehre des Buddha*. Munich, 1917.

HERRIGEL, EUGEN, *Zen in the Art of Archery*. Londres, 1953.

HERRIGEL, GUSTIE L., *Zen in the Art of Flower Arrangement*. Londres, 1958.

HUMPHREYS, CHRISTIAN, *Buddhism*. Londres, 1951.

KAKUZO, OKAKURA, *The Book of Tea*. Tokyo.

KERN, H., *Manual of Indian Buddhism*. 1896.

LADNER, MAX, *Gotamo Buddha*. Zurich, 1948.

MORGAN, KENNETH W., *The Path of the Buddha*. New York, 1956.

OLDENBERG, HERMAN, *Buda. Su vida, su obra, su comunidad*. Buenos Aires, 1946.

REPS, PAUL, *Zen flesh, Zen bones*. Tokyo, 1970.

STEIN, R. A., *La Civilisation tibétaine*. Paris, 1962.

SUZUKI, D. T., *Essays in Zen Buddhism*. Première partie, Londres, 1927. Deuxième partie, Londres, 1950.

THOMAS, EDWARD J., *The Life of Buddha as Legend and History*. Londres, 1952.

WALEY, ARTHUR, *Monkey*. Londres, 1942.

WATTS, ALAN W., *The Way of Zen*. Londres, 1971.

The World's Great Religions. New York Time Incorporated, 1957.

DU MÊME AUTEUR

FICTIONS

LABYRINTHES

ENQUÊTES

L'AUTEUR et autres textes

DISCUSSION

L'ALEPH

ENTRETIENS AVEC GEORGES CHARBONNIER

ŒUVRE POÉTIQUE (1925-1965)

CONVERSATIONS AVEC RICHARD BURGIN

LE RAPPORT DE BRODIE

L'OR DES TIGRES

LE LIVRE DE SABLE

LIVRE DE PRÉFACES suivi d'ESSAI D'AUTOBIOGRAPHIE

LA ROSE PROFONDE suivi de LA MONNAIE DE FER et d'HISTOIRE DE LA NUIT

CONFÉRENCES

LE LIVRE DES ÊTRES IMAGINAIRES

NEUF ESSAIS SUR DANTE

ATLAS

LES CONJURÉS précédé de LE CHIFFRE

ENTRETIENS SUR LA POÉSIE ET LA LITTÉRATURE suivi de QUATRE ESSAIS SUR J. L. BORGES

ŒUVRES COMPLÈTES I

Impression Bussière Camedan Imprimeries
à Saint-Amand (Cher),
le 10 mars 2003.
Dépôt légal : mars 2003.
1er dépôt légal dans la collection : avril 1996.
Numéro d'imprimeur : 031273/1.
ISBN 2-07-032703-5./Imprimé en France.

122949